Sportpraxis

Die Buchreihe Sportpraxis informiert in praxisorientierten und wissenschaftlich fundierten Einzelbänden über die Ausführung gängiger Sportarten. Jeder Reihentitel greift eine spezifische Sportart auf und beantwortet die übergeordnete Frage: „Wie wird diese Sportart in der Praxis ausgeführt?".

Die Bücher sind didaktisch-methodisch ausgelegt, enthalten viele Beispiele und überzeugen durch eine kompakte und übersichtliche Aufmachung. Zahlreiche Fotos und Abbildungen erleichtern den Transfer in die praktische Anwendung. Die Mehrzahl der Einzelbände enthält zudem Videoausschnitte – beispielsweise von Technik- oder Taktikelementen – die mithilfe der kostenlosen SN More Media App gestreamt werden können.

Die Reihe richtet sich insbesondere an Sport-Studierende mit Praxismodulen, Trainer*innen im Vereinssport und Freizeitsportler*innen. Die Autorinnen und Autoren der Reihentitel lehren und forschen an Universitäten, sind selbst als Trainer*in aktiv oder engagieren sich in den Dachverbänden der jeweiligen Sportarten.

Sebastian Schwab · Joscha Balle

Fußball – Das Praxisbuch für Training, Studium, Schule und Freizeitsport

Springer Spektrum

Sebastian Schwab
Institut für Trainingswissenschaft und
Sportinformatik, DSHS Köln
Köln, Deutschland

Joscha Balle
Mannheim, Deutschland

Die Online-Version des Buches enthält digitales Zusatzmaterial, das durch ein Play-Symbol gekennzeichnet ist. Die Dateien können von Lesern des gedruckten Buches mittels der kostenlosen Springer Nature „More Media" App angesehen werden. Die App ist in den relevanten App-Stores erhältlich und ermöglicht es, das entsprechend gekennzeichnete Zusatzmaterial mit einem mobilen Endgerät zu öffnen.

ISSN 2662-9542   ISSN 2662-9550 (electronic)
Sportpraxis
ISBN 978-3-662-67983-8   ISBN 978-3-662-67984-5 (eBook)
https://doi.org/10.1007/978-3-662-67984-5

Die Deutsche Nationalbibliothek verzeichnet diese Publikation in der Deutschen Nationalbibliografie; detaillierte bibliografische Daten sind im Internet über http://dnb.d-nb.de abrufbar.

Covermotiv: © stock.adobe.com/matimix/ID 367803314_Covergestaltung: deblik, Berlin

Planung/Lektorat: Ken Kissinger
Springer Spektrum ist ein Imprint der eingetragenen Gesellschaft Springer-Verlag GmbH, DE und ist ein Teil von Springer Nature.
Die Anschrift der Gesellschaft ist: Heidelberger Platz 3, 14197 Berlin, Germany

Das Papier dieses Produkts ist recyclebar.

Springer Nature More Media App

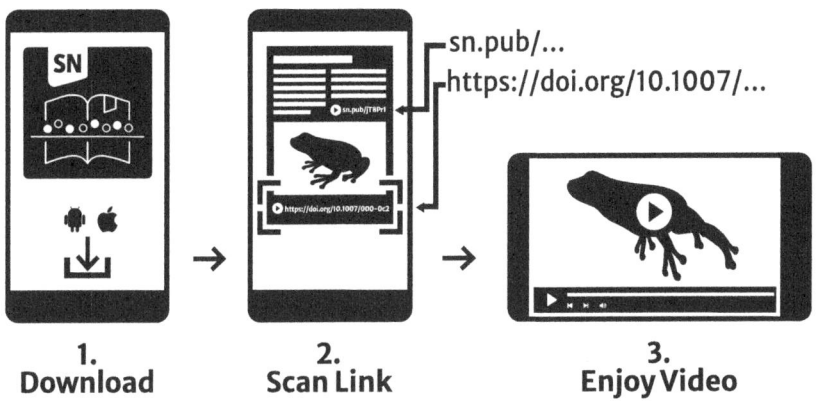

sn.pub/...
https://doi.org/10.1007/...

1.
Download

2.
Scan Link

3.
Enjoy Video

Support: customerservice@springernature.com

Vorwort

Bei einem zufälligen Treffen auf dem Campus der Deutschen Sporthochschule Köln erzählte mir mein Tischtennis-Kollege Dr. Timo Klein-Soetebier, dass Springer Spektrum eine Lehrbuchreihe mit unterschiedlichen Mannschafts- und Rückschlagsportarten plant und fragte mich, ob ich mir vorstellen könnte, das Sportspiel Fußball hierfür abzudecken. Nach ein paar Gesprächen war dann relativ schnell klar, dass ich dieses Vorhaben gern zusammen mit Joscha Balle von ADVANCE.FOOTBALL in die Tat umsetzen möchte.

Unser gemeinsames Ziel mit diesem Buch ist es, einen theoretischen Überblick zur Einordnung des Sportspiels Fußball (Taktik vs. Technik, leistungsbestimmende Faktoren, usw.) zu geben sowie die klassischen und alternativen Spiel- und Wettkampfformen (vor allem der Kinderfußball im In- und Ausland, Futsal, Beachsoccer und Streetsoccer) näher zu beleuchten. Im praktischen Teil des Buches sollen 49 ausgewählte Spiel- und Übungsformen in vier Bereichen *(Ich habe den Ball, Wir haben den Ball, Ich gewinne den Ball* und *Wir gewinnen den Ball)* präsentiert werden, mit denen möglichst alle Personengruppen, die im Titel des Buches genannt werden, etwas anfangen und diese auch für ihre Belange umsetzen können.

Der Mehrwert des Buches besteht aus der Verzahnung von Theorie und Praxis. Es ist der Versuch, allen Leser*innen zu vermitteln, mit welchen Variationsmöglichkeiten, Hilfestellungen und kleinen Änderungen der Spiel- und Übungsformen eine Vielzahl von neuen Trainingsformen entstehen können.

Ein besonderer Dank in diesem Buchprojekt gilt allen Studierenden (alphabetisch nach dem Vornamen), die uns bei den Videoaufnahmen als Spieler*innen (Ali Hassan, Benjamin Wisser, Emma Harrison, Frederico Moreira, Florian Kölsch, Giulherme Freire, Keidai Nishimoto, Linus Zakrzewski, Mauriphile Ekaba Sanganaza, Maximilian Kreß, Moritz Blumenthal, Paul Peikert, Peer Feldmann, Péter Mérei, Robin Stürner und Vitor Condelipes) sowie bei der Erstellung der Abbildungen (Linus Zakrzewski, Luca Klier) tatkräftig unterstützt haben.

Abschließend möchte ich mich noch bei meiner Familie (Linda, Mino, Nela & Falu) für die hervorragende Unterstützung während der zeitlichen Entstehung dieses Buches bedanken.

Joschas besonderer Dank geht an seine Frau Rebecca, die ihm nicht nur in der stressigen Zeit während der Entstehung des Buches zur Seite steht. Außerdem bedankt er sich bei seinem Team von ADVANCE.FOOTBALL für die zahlreichen Diskussionen und Anregungen, um jeden Tag den Nachwuchsfußball besser zu machen.

Sebastian Schwab
Joscha Balle

Inhaltsverzeichnis

Teil I Fußball für Anfänger*innen und Fortgeschrittene – Eine Einordnung des Sportspiels Fußball

1 Einführung zum Sportspiel Fußball 3
Literatur... 5

2 Spielphilosophie vs. Strategie vs. Taktik vs. Prinzipien 7
2.1 Spielphilosophie...................................... 7
Literatur... 10

3 Grundlagen zum Erwerb von Taktik und Technik 11
Literatur... 17

4 Leistungsbestimmende Faktoren im Fußball 19
Literatur... 25

Teil II Spiel -und Wettkampfformen

5 Klassische Formen 29
Literatur... 31

6 Alternative Formen 33
6.1 Neue Wettbewerbsformen des DFBs 34
6.2 Futsal, Beachsoccer und Streetsoccer 50
6.3 Ein internationaler Vergleich 54
Literatur... 57

Teil III Spiel- und Übungsformen

7 Einführung zu Spiel- und Übungsformen im Fußball 61
Literatur... 64

8 Ich habe den Ball 65
8.1 Ich bleibe im Ballbesitz (Dribbling) 65
8.2 Torabschlüsse nutzen (Torschuss) 69
8.3 Gegenspieler überwinden (1vs1) 73

	8.4	Mitspieler einbinden (Überzahl-Unterzahl)	77
	8.5	Räume bespielen	82
9	**Wir haben den Ball**		**87**
	9.1	Anbieten & Freilaufen	87
	9.2	Überzahl ausspielen	92
	9.3	Räume erkennen	99
	9.4	Torabschlüsse vorbereiten	103
10	**Ich gewinne den Ball**		**109**
	10.1	Zweikampf vorbereiten	109
	10.2	Zweikampf führen	115
	10.3	Lohnende Situationen erkennen	119
11	**Wir gewinnen den Ball**		**123**
	11.1	Überzahl herstellen	123
	11.2	Überzahl verwerten	128
	11.3	In Unterzahl verteidigen	134
Stichwortverzeichnis			**137**

Über die Autoren

Dr. Sebastian Schwab ist Oberstudienrat im Hochschuldienst am Institut für Trainingswissenschaft und Sportinformatik an der Deutschen Sporthochschule Köln. Nach seinem Magisterabschluss am Institut für Sport und Sportwissenschaft an der Universität Heidelberg im Jahre 2009 ging es als Promotionsstudent an die DSHS Köln. 2013 beendete er seine Promotion und ist seitdem als Fußball-Dozent tätig. Er ist seit 2009 Koordinator der Kölner Ballschule und seit 2023 Studiengangsleiter des Zertifikatsstudiengangs „Sportdirektor*in im Nachwuchsleistungs- und Amateurfußball". Darüber hinaus ist der A-Lizenz-Inhaber seit 2016 Stützpunkt-Trainer in Köln Müngersdorf sowie als Auswahltrainer im Fußballverband Mittelrhein tätig. Seit 2021 ist er zudem noch Sprecher der Kommission Fußball der Deutschen Vereinigung für Sportwissenschaft. Durch diese unterschiedlichen Tätigkeiten ist es ihm möglich, die Balance zwischen Theorie (Forschung in den Bereichen Kinderfußball, Leistungsindikatoren im Fußball, Verhältnis zwischen Trainer*innen und Eltern, direkte Freistöße im Fußball) und Praxis (Fußball-Dozent, Trainer, Referent, Ausbilder von Trainer*innen, Studierenden, Lehrer*innen und Erzieher*innen) sinnvoll miteinander zu verknüpfen.

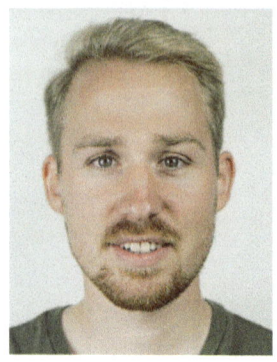

Joscha Balle ist studierter Sportwissenschaftler und A-Lizenz-Inhaber. Darüber hinaus ist er Co-Founder und Geschäftsführer von ADVANCE.FOOTBALL. Mit seinem Unternehmen hat er sich auf den nationalen und internationalen Nachwuchsfußball spezialisiert. Eine Videoplattform für Fußballtrainer*innen sowie projektbezogener Beratung für Nationalverbände, Bundesligavereine und Breitensportvereine bringen ihn tagtäglich mit Trainer*innen, Spieler*innen und anderen Akteuren im Fußball zusammen, um diesen weiterzuentwickeln.

Zudem ist er Dozent an der Deutschen Hochschule für Gesundheit und Sport im Studiengang Sport und angewandte Trainingswissenschaft.

Seine jahrelangen Erfahrungen als Trainer, Referent, Wissenschaftler, Scout, Berater und Spieler machen ihn zu einem anerkannten Experten im Nachwuchsfußball.

Teil I
Fußball für Anfänger*innen und Fort- geschrittene – Eine Einordnung des Sportspiels Fußball

Heutzutage spielen in Deutschland so viele Mädchen und Jungen im Verein Fußball wie niemals zuvor (DFB, 2022). Viele Kinder lernen bereits im Bambini-Alter (U6-U7) den Vereinsfußball kennen, spätestens aber als Schulkind verspüren die meisten Lust, das Fußballspielen regelmäßig im Verein zu trainieren und wettbewerbsmäßig zu spielen. Gründe dafür sind u. a. die mediale Präsenz des Fußballs, der Wunsch nach gemeinsamer Zeit mit Freunden und der generelle Spaß an Bällen bzw. vor allem die Freude am Tore schießen.

Kinder haben bereits in frühen Jahren Vorbilder aus dem Fußball, denen sie dann im Verein nacheifern und die gleichen Tricks wie ihre Idole ausprobieren möchten. Das bedeutet dadurch auch eine enorme Verantwortung für die Vereine, mit altersgerechten, vielseitigen und individuellen Ideen und Konzepten der veränderten Bewegungswelt der Kinder gerecht zu werden. Die Ziele sind daher viel mehr als „nur" das eigentliche Fußballspielen.

Es geht darum, durch regelmäßiges Training die Gesundheit der Kinder zu fördern und präventiv einen Beitrag zu leisten, damit unsere Kinder im Schnitt nicht noch unbeweglicher, unsportlicher und adipöser werden (Joisten et al., 2020).

Darüber hinaus werden das Selbstbewusstsein und die Selbstsicherheit der Jüngsten durch spielerische Erfolgserlebnisse gefördert. Erfolgserlebnisse sind in diesem Alter vor allem durch das Tore schießen gekennzeichnet und eher nicht durch eine Balleroberung oder einem sinnvollen Freilaufen. Das muss dementsprechend auch im Training berücksichtigt werden. Minutenlange Passübungen in Gassenform mit der Innenseite, bei denen der*die Trainer*in womöglich noch technische Feinheiten, wie den optimalen Kniewinkel oder den genauen Abstand des Standfußes zum Ball, korrigiert, weil es irgendwo in einem Lehrbuch so hinterlegt ist, sind daher genauso wenig selbstbewusstseinsfördernd wie ein langweiliges Dribbeln durch fünf Hütchen ohne Folgeaktion.

Generell ist es wichtig, die Kinder sowohl zu fordern als auch zu fördern. Kinder werden häufig unterschätzt und langweilen sich dadurch bei vielen Aufgaben des*der Trainers*Trainerin.

Der Ehrgeiz sollte im Training geweckt werden, Willensstärke sich entwickeln können, Herausforderungen angenommen und überwunden werden sowie Mut und Kreativität gefördert werden.

Überdies steht im Fokus das soziale Lernen   der Kinder, inklusive der schnellen und problemlosen Integration von Mädchen und Jungen verschiedener ethnischer und sozialer Herkunft durch Gruppenprozesse zu fördern. Hier können der Fußball bzw. Vereine oder Bildungseinrichtungen einen wichtigen Beitrag leisten, beispielsweise geflüchteten Menschen und insbesondere Kindern einen sicheren Ort zu bieten, um in der deutschen Gesellschaft anzukommen, neue Freunde zu finden, die Gemeinschaft und den Zusammenhalt in einem Verein zu spüren, spielerisch die deutsche Sprache zu lernen und überhaupt den Spaß an der Bewegung zu erleben.

Die Kehrseite der Medaille ist allerdings auch, dass sehr viele Kinder und Jugendliche im Alter von 12–16 Jahren den Fußballverein wieder verlassen und sich einer anderen Sportart anschließen oder sich sogar ganz dem Vereinssport abwenden. Die Problematik dieser hohen Dropout-Quote bei jugendlichen Fußballer*innen ist sehr vielschichtig zu betrachten. Es kann an den eigenen Fähigkeiten, am Verhältnis mit dem*der Trainer*in, an Akzeptanzproblemen in der Peergroup oder am Wunsch nach zeitlicher Flexibilität in der Freizeitgestaltung liegen. Diese Gründe lassen sich somit in intrapersonale, interpersonale und strukturelle Faktoren einteilen (Schlesinger et al., 2018). Diese Vielschichtigkeit an Gründen macht es daher nahezu unmöglich, für einen Verband bzw. Verein allgemeingültige Lösungsansätze zu präsentieren, um diesem Problem des Dropouts Herr zu werden.

Mögliche Folgen sind dann u. a. Spielgemeinschaften, vor allem in ländlichen Räumen, die sich dann bis in den Erwachsenenfußball durchziehen und mit einem erhöhten organisatorischen Aufwand verbunden sind. Einzelne Dropouts in Jugendmannschaften können folglich dann auch dazu führen, dass die restlichen Spieler*innen des Teams zu wenig für eine Mannschaft sind, kein geeigneter Verein für eine Spielgemeinschaft gefunden wird und sie dadurch schlicht und ergreifend zu einem Vereinswechsel gezwungen werden, um weiterhin ihrem Hobby nachgehen zu können, oder ebenfalls mit dem Fußball aufhören.

Der Erwachsenenfußball scheint ebenfalls eine fast schon unbegrenzte Popularität zu genießen, egal ob auf Vereinsebene oder im Hobby- und Freizeitbereich. Gerade dieser weitgehend unorganisierte Spielbetrieb alternativer Fußballmannschaften scheint von Jahr zu Jahr beliebter zu werden. Ein gelebtes Beispiel hierfür ist die *Bunte Liga Köln* . Ende der 1980er beginnend mit sechs Mannschaften, nehmen mittlerweile seit über 20 Jahren 48 Teams am Spielbetrieb teil, was ungefähr 1400 aktive Fußballer*innen im Alter zwischen 18 und 65 Jahren bedeutet.

„Als Bunte Liga Köln wollen wir den Kölner Hobbyfussballern die Möglichkeit geben, sich in einem strukturierten Rahmen sportlich auf dem Platz zu messen. Auf diesem Wege wollen wir den Breitensport ohne jede kommerzielle Komponente unterstützen. Auch sehen wir uns in einer sozialen Verantwortung. So treten wir zusammen mit unseren Teams und ihren Spieler*innen für soziale Projekte ein. Im Gegensatz zu manchem Sportverband werden Werte wie Fairness und Respekt sowie Nulltoleranz von Rassismus, Homophobie oder Sexismus, von uns nicht nur mitgetragen, sondern in jedem Spiel der Bunten Liga Köln aktiv gelebt. Nur wer sich ohne Einschränkungen hinter diesen Werten versammelt, kann Teil unserer Gemeinschaft sein. Wir sind die BUNTE LIGA KÖLN! Wo kicken noch Spaß macht!" (Bunte Liga Köln)

Freies Fußballspielen unter Gleichgesinnten, ohne feste Trainingszeiten und fixe Spieltermine am Wochenende, üben auf viele Erwachsene in sämtlichen Altersbereichen eine durchaus nachvollziehbare Begeisterung aus.

Die Beliebtheit des Fußballs lässt sich an den hohen Zuschauerzahlen mit durchschnittlich 43.000 Personen vor der Pandemie in der Ersten Bundesliga sehr deutlich beziffern (Zeppenfeld, 2022). Darüber hinaus zählt Fußball auch im TV mit etwa 30 % an interessierten Zuschauer*innen mit Abstand zu der beliebtesten Sportart unter den Deutschen (Pawlik, 2022). Die deutsche Nationalmannschaft ist normalerweise ein absoluter Zuschauer*innen-Magnet mit Marktanteilen um die 80 % bei Länderspielen, im Zuge von Großereignissen. Der Einbruch an TV-Zuschauer*innen bei der vergangenen Weltmeisterschaft in Katar aus möglichen diversen Gründen (Menschenrechtslage im Gastgeberland, Winter-WM, Gastarbeiter*innen-Thematik, frühes Ausscheiden der deutschen Nationalmannschaft, usw.) wird in der kommenden Heim-Europameisterschaft 2024 hoffentlich wieder behoben und der Nationalmannschaft in großem Stil vor dem Fernseher die Daumen gedrückt.

Literatur

DFB (2022, 20. Juni). *Steigende Zahlen und Rekorde: DFB-Mitgliederstatistik macht Mut.* . https://www.dfb.de/news/detail/steigende-zahlen-und-rekorde-dfb-mitgliederstatistik-macht-mut-241165/

Joisten, C., Tokarski, W., & Predel, H-G. (2020). Bewegungsmangel bei Kindern und Jugendlichen. Ein Fehlverhalten mit unabsehbaren Konsequenzen. *Kinder- und Jugendmedizin, 2005*(1), 117–123.

Pawlik, V. (2022, 26. Juli). *Umfrage in Deutschland zu den beliebtesten Sportarten bis 2022.*. .https://de.statista.com/statistik/daten/studie/171072/umfrage/sportarten-fuer-die-besonderes-interesse-besteht/

Schlesinger, T., Löbig, A., Ehnold, P., & Nagel, S. (2018). What is influencing the dropout behaviour of youth players from organised football? A systematised review. *German Journal of Exercise and Sport Research, 48,* 176–191. https://doi.org/10.1007/s12662-018-0513-4

Zeppenfeld, B. (2022, 28. November). *Statistiken zum Fußball.*r. https://de.statista.com/themen/24/fussball/#topicOverview

Spielphilosophie vs. Strategie vs. Taktik vs. Prinzipien

2

2.1 Spielphilosophie

Die Spielphilosophie beschreibt ein langfristiges, meist sich durch alle Bereiche eines Vereins ziehendes, spielerisches Leitbild. Am deutlichsten zeigt es sich auf dem Spielfeld selbst. Mit welchen Werten und Eigenschaften treten die Spieler auf dem Platz auf? Welche Charaktere bringen sie mit und welche Einstellung zum Spiel haben sie?

Im Idealfall ist diese Spielphilosophie trainerunabhängig, wird vom Verein vorgelebt und ist meist aus der Historie gewachsen. Ein plastisches Beispiel ist die Spielphilosophie des FC Barcelona. Mit dem sogenannten Tiki-Taka (Kurzpassspiel und viel Ballbesitz) wurde der Fußball jahrelang dominiert.

Es gibt aber auch andere pragmatische Ansätze einer Spielphilosophie. Hier lässt sich die Art und Weise von Atletico Madrid um den langjährigen Trainer Diego Simeone nennen. Dieser umschreibt seine (Spiel-)Philosophie mit folgenden, markanten Worten:

> „Der Krieg wird von dem Mann gewonnen, der seine Soldaten am besten einsetzt."
> „Ich will euch sagen, warum die Jungs gestern das Spiel gewonnen haben: weil sie mit ganzem Herzen gespielt haben."
> „Maximaler Einsatz ist nicht verhandelbar."
> „Das Spiel muss mit dem Messer zwischen den Zähnen auf dem Spielfeld gespielt werden." (Marca, 2016)

Strategie und Taktik

Der ehemalige deutsche Fußball-Nationaltrainer der Herren, Joachim Löw, hatte in einem Interview mit der Zeitschrift kicker eine interessante, sehr reduzierte Ansicht zu den beiden Begrifflichkeiten:

> „Taktik ist die Strategie, wie man zum Erfolg kommt." (kicker, 2022)

© Der/die Autor(en), exklusiv lizenziert an Springer-Verlag GmbH, DE, ein Teil von
Springer Nature 2023
S. Schwab und J. Balle, *Fußball – Das Praxisbuch für Training, Studium, Schule und Freizeitsport*, Sportpraxis, https://doi.org/10.1007/978-3-662-67984-5_2

Die Strategie im Fußball bezeichnet einen übergeordneten Plan, während die Taktik den Einsatz der einzelnen Spieler*innen zum Erreichen der durch die Strategie festgelegten Ziele beinhaltet.

Ist im Fußball von der Strategie die Rede, kann diese sich auf einen langfristigen Zeitraum beziehen, um beispielsweise ein schnelles Umschaltspiel zu etablieren. Sie kann aber auch den Plan für eine einzelne Partie meinen.

Vergleicht man die beiden Begriffe Taktik und Strategie miteinander, wird der zentrale Unterschied zwischen beiden Konzepten deutlich; einerseits steht das zweckmäßige Vorgehen (Taktik) und andererseits der große, durchdachte Plan (Strategie) im Mittelpunkt, der diesem Zweck entspricht.

Wie so viele Begriffe im Fußball lassen sich auch die Strategie und Taktik aus dem militärischen Kontext ableiten. Carl von Clausewitz (1963), ein preußischer Militärwissenschaftler, benennt die Strategie als Lehre vom Gebrauch der Gefechte zum Zwecke des Krieges und die Taktik als die Lehre vom Gebrauch der Streitkräfte in einem Gefecht.

Beispiel

Wenn der FC Barcelona gegen RB Leipzig spielt, dann ist damit zu rechnen, dass Leipzig das Team mit dem geringeren Ballbesitzanteil sein wird. Die Strategie der Katalanen würde vermutlich darauf ausgelegt sein, dominant, ballbesitzorientiert und mit vielen Passstafetten aufzutreten (Tiki-Taka). Die taktischen Mittel dafür könnten das Bilden von vielen Passoptionen, kluge Laufwege der Mittelfeldspieler im Rücken des Gegenspielers und das Schaffen von Passdreiecken sein. RB Leipzig versucht dagegen vermehrt den Gegner nach einem Ballgewinn mit schnellem Spiel nach vorne (Umschaltspiel) zu Fehlern zu zwingen. Ein hohes Maß an Ballbesitz ist nicht zwingend das strategische Ziel dieser Mannschaft. Taktische Mittel für das schnelle Umschaltspiel sind Läufe der Angreifer und Mittelfeldspieler hinter die letzte Abwehrreihe des Gegners oder das direkte Passspiel mit maximal zwei Ballkontakten zur Ballverarbeitung. ◄

Gerade das letztgenannte Beispiel zeigt, dass die taktischen Mittel für die Erreichung eines durch die Strategie vorgegebenen Ziels nicht immer gleich sein müssen. Jede*r Spieler*in und jede Mannschaft hat unterschiedliche Stärken und Schwächen und dementsprechend muss ein Trainer*innen-Team idealerweise genau analysieren, wo diese liegen, um die eigenen taktischen Mittel anpassen zu können.

Hier hat in den letzten Jahren der Begriff *Prinzipien* in den Fußball Einzug gehalten.

Prinzipien

In einem Interview mit der Frankfurter Allgemeinen Zeitung führte Julian Nagelsmann zum Thema Prinzipien folgendes aus:

„Prinzipien, die ich den jeweiligen Situationen überordne. [...] Sie gelten bei mir immer, in jedem Training, in jedem Spiel, völlig losgelöst vom Gegner oder von der geometrischen Anordnung der Spieler auf dem Feld." (FAZ, 2016)

Prinzipien stellen eine gegebene Verhaltensrichtlinie dar, die anderen Verhaltensrichtlinien übergeordnet sind. Sie gelten auf dem ganzen Spielfeld für jede*n Spieler*in zu jeder Zeit. Dadurch erhofft man sich eine Vereinfachung der oftmals zu komplexen Anforderung an den*die einzelne*n Spieler*in.

In Abgrenzung zur Taktik sind Prinzipien Standards, die für jede*n Spieler*in in jedem Spiel gelten. Sie sollen dabei helfen, strategische Ziele zu erreichen genauso wie taktische Mittel dieses Vorhaben unterstützen.

Beispiel

Hierzu noch folgendes Beispiel: Die Strategie eines Teams ist es, dominanten und geduldigen Ballbesitzfußball zu spielen. Als taktisches Mittel greift der*die Trainer*in dafür auf Überzahlsituationen durch Überladungen und die Fokussierung des linken Halbraums im Aufbauspiel zurück, weil er*sie dort eine besondere Anfälligkeit des*der Gegners*Gegnerin ausgemacht hat. Dieses taktische Mittel setzt vor allem das Prinzip der ballnahen Unterstützung um, das unser*e fiktive*r Trainer*in als hoch einschätzt. Er*Sie hat festgelegt, dass es ein Grundsatz des eigenen Spiels ist, dass die Mitspieler*innen in Ballnähe Dreiecke und Rauten bilden, den*die ballführende*n Spieler*in unterstützen und gleichzeitig versuchen, sich nicht gegenseitig „auf den Füßen zu stehen", was zudem einem ebenfalls fiktiven Prinzip des Abstands nach Nagelsmann, „sei so nah an deinem Mitspieler dran wie nötig, aber nicht so nah wie möglich", entspricht. ◄

Dieses Beispiel zeigt, dass die Grenzen zwischen Taktik und Prinzipien etwas unschärfer sind als die Abgrenzung zur Strategie. Dennoch sollte deutlich werden, dass Taktik und Prinzipien nicht dieselben Prozesse sind. Während das taktische Mittel sich hier dem*der Gegner*in anpasst (Fokussierung linker Halbraum), folgt es ganz klar den eigenen grundsätzlichen Prinzipien (ballnahe Unterstützung, Abstände, Vorgabe der kurzen Spieleröffnung durch den*die Torhüter*in, usw.).

Überblick
Eine Strategie ist der übergeordnete Plan, der für ein einzelnes Spiel oder einen längeren Zeitraum festgelegt wird.

Taktik hingegen bezieht sich auf die Mittel, die verwendet werden, um die Ziele einer Strategie zu erreichen. Diese Mittel können je nach Spiel oder Situation variieren.

Prinzipien wiederum sind feste Grundsätze, die beim Spielen befolgt werden und deren Gültigkeit unabhängig von taktischen Entscheidungen bestehen bleibt.

Taktik und Prinzipien sind zwar miteinander verbunden, aber sie beziehen sich auf unterschiedliche Aspekte des Spiels.

Literatur

FAZ (2016, 13. Oktober). „Ich hatte nicht viel Zeit, jung zu sein". https://www.faz.net/aktuell/sport/fussball/bundesliga/tsg-1899-hoffenheim-trainer-julian-nagelsmann-im-interview-14472697.html

kicker (2022, 28. Oktober). *„In England sehe ich ehrlichen Fußball"*. https://www.kicker.de/loew-im-interview-in-england-sehe-ich-ehrlichen-fussball-923052/artikel

Marca (2016, 28. April). *Diego Simeone: 46 years, 46 quotes.*https://www.marca.com/en/football/spanish-football/2016/04/28/57221e89e5fdead7018b4575.html

Grundlagen zum Erwerb von Taktik und Technik

3

▶ „Taktik im Sport ist die intelligente und rationelle Nutzung des durch Regelwerke oder Regelvereinbarungen festgelegten Spielraums zur Erreichung eines Vorteils in sportlichen Handlungssituationen." (Hottenrott et al., 2022, S. 620).

Die Taktik ist somit eine organisierte Maßnahme, die darauf ausgelegt ist, Spielziele zu erreichen, die auf den individuellen Fähigkeiten und Rollen der Spieler*innen im Team basieren.

Im Fußball werden nun mehrere Arten der Taktik unterschieden. Die Offensivtaktiken beschreiben das Verhalten der Mannschaft bei eigenem Ballbesitz (Spielaufbau, Chancen herausspielen, Kreativität und Spielintelligenz), während die Defensivtaktiken den Ballbesitz bei der gegnerischen Mannschaft verorten (Pressing-Variationen, ball- vs. raumorientiertes Verteidigen, Manndeckung).

Bei der Individualtaktik handelt es sich um eine isolierte Aktion eines*r einzelnen Spielers*Spielerin gegen eine*n bzw. mehrere Gegenspieler*innen, bei der er*sie seine*ihre körperlichen, technischen, taktischen und psychologischen Fähigkeiten nutzt, um ein bestimmtes Ziel im Spiel zu erreichen. Hier muss sich der*die Spieler*in beispielsweise entscheiden, ob er*sie in einer bestimmten Situation ins Dribbling geht oder doch besser den Ball abspielt.

Bei der Gruppentaktik geht es um das Verhalten einzelner Mannschaftsteile vom 2 vs. 2 bis zum 8 vs. 8, bei dem sich mehrere Spieler*innen gemeinsam koordinieren, um eine Handlungskontinuität im Spiel zu schaffen. Darunter fallen Themen wie das Anlaufverhalten der Angreifer*innen oder das Agieren in Überzahl-, Gleichzahl- und Unterzahl-Situationen.

Die Mannschaftstaktik, beginnend ab dem 9 vs. 9, greift dann ergänzend bzw. zusätzlich noch zur Gruppentaktik, die Themen wie beispielsweise Verschiebebewegungen gegen den Ball, Restverteidigung im eigenen Angriff oder das Verhalten bei Standardsituationen, auf.

© Der/die Autor(en), exklusiv lizenziert an Springer-Verlag GmbH, DE, ein Teil von Springer Nature 2023
S. Schwab und J. Balle, *Fußball – Das Praxisbuch für Training, Studium, Schule und Freizeitsport*, Sportpraxis, https://doi.org/10.1007/978-3 662-67984-5_3

▶ „Techniktraining ist eine Form des motorischen Lerntrainings, das auf gegebenen konditionellen und koordinativen Grundlagen aufbaut und dem Erwerb und der Entwicklung sportmotorischer Fertigkeiten sowie der Annäherung an sportartspezifische Technikleitbilder bzw. individuelle Bestlösungen dient." (Hottenrott et al., 2022, S. 617).

Im Vergleich zu *geschlossenen* Sportarten (Rudern, Gewichtheben oder Schwimmen), bei denen die Anwendung der jeweils geforderten Technik(en) an die Athlet*innen unter standardisierten Bedingungen ablaufen, ist im Fußball und den weiteren Sportspielen zu berücksichtigen, dass die Technik(en) in verschiedenen Modifikationen eingesetzt werden sowie unter teilweise direkter Gegnereinwirkung in ständig wechselnden Situationen anzuwenden sind und daher als *offen* gelten.

Was ist im Fußball nun wichtiger? Technik oder Taktik? Wohlwissend, dass eine pauschale Beantwortung dieser Frage kaum realisierbar ist und das Alter bzw. das Expertise-Level durchaus eine wichtige Rolle in diesem Fall einnimmt, sind die beiden Autoren dieses Buches dennoch ganz klar der Meinung, dass Fußball eine taktikdeterminierte Sportart und somit die Wichtigkeit der taktischen Entscheidungsfindung höher einzustufen ist als die der technischen Ausführung. Spieler*innen, die das Spiel verstehen und häufig in Spielformen agieren dürfen, werden ihre Technik mit der Zeit ebenfalls verbessern, um so auf ein höheres, individuelles Level zu gelangen. Aber Spieler*innen, die durch ständige Übungsformen eine ‚saubere‘ Technik beigebracht bekommen, sind im Spiel aufgrund der hohen taktischen Anforderungen dann möglicherweise überfordert und gar nicht in der Lage, ihre so erlernte Technik adäquat und spielnah anzuwenden sowie richtige Entscheidungen zu treffen. Daraus schlussfolgernd lässt sich ableiten, mit Anfängern im Fußball vor allem spielerisch im Bereich Taktik zu trainieren und weniger Zeit mit dem Üben von technischen Merkmalen zu verbringen. Jedoch kann es bei Spieler*innen ab einem gewissen Expertise-Level vorkommen, dass die richtige, taktische Entscheidung durch fehlende technische Fertigkeiten dazu führt, dass Situationen nicht erfolgreich umgesetzt werden. Hier gilt es dann, die Bewegungsausführung gezielt zu trainieren.

Diese Ausführungen decken sich mit den vorgegebenen Inhaltsbausteinen des DFBs im Kinderfußball (DFB, unbekannt). In der F-Jugend sollen beispielsweise die beiden Bausteine *vielseitige Aufgaben und Spiele mit Ball* sowie *freies Fußballspielen in Teams* ca. zwei Drittel der Trainingszeit einnehmen. Dabei soll selbst die Technik nicht rein über methodische Übungsreihen, sondern durch ein *spielerisches Kennenlernen der Basistechniken* in 20 % der Trainingszeit geschult werden. Die restlichen 15 % erstrecken sich auf den Baustein *vielseitiges Laufen und Bewegen,* das dem generellen Bewegungsdrang der Kinder gerecht wird.

Selbst bei technikdeterminierten Sportarten wie beispielsweise Tennis, versuchen die Trainer*innen den Anfänger*innen bzw. jungen Kindern nicht vorrangig durch sich ständig wiederholende Übungsreihen die Topspin-Vorhand oder den Aufschlag beizubringen. Sie wählen ebenfalls einen spielerischen Ansatz, was Konzepte wie *low-t-ball* oder *play and stay* deutlich zeigen. Kinder spielen erst miteinander und dann auch gegeneinander auf größenangepassten Spielfeldern mit u. a. druckverminderten Bällen. Dadurch erfahren sie idealerweise den Spaß am Tennis und entwickeln ganz nebenbei spielerisch die benötigten Tennis-Techniken.

Aus den vorhergegangenen Ausführungen leiten sich Handlungsempfehlungen nach dem Konzept der Ballschule Heidelberg (Roth & Kröger, 2021) dahingehend ab, dass fußballspielende Kinder sowie Kinder generell auch in anderen Ballsportarten sich in den Bausteinen, *Lücke erkennen, anbieten und orientieren* oder *Ballbesitz kooperativ sichern,* ausprobieren können.

Ein weiteres Konzept, das diesen Ansatz prinzipiell teilt, nennt sich Teaching Games for Understanding (TGfU) (Memmert 2015). Es geht dabei hauptsächlich darum, modifizierte Spielformen zu verwenden, um die Lernenden bestmöglich in ihrer jeweiligen Entwicklungsstufe zu begleiten. Bunker und Thorpe (1982) unterteilen dieses Modell in insgesamt sechs Stufen, die als Kreislauf anzusehen sind (Abb. 3.1).

In Stufe 1 *Spielform* geht es für die Lernenden um die Konfrontation mit vielen kleinen Spielen und vereinfachten Spielformen. Die zweite Stufe *Spielverständnis* beschäftigt sich mit der Auseinandersetzung der Regeln des Spiels und der Aneignung von Wissen, wie beispielsweise Punkte bzw. Tore erzielt werden können. Dieses Spielverständnis dient als Voraussetzung für Stufe 3, in der ein grundlegendes, *taktisches Bewusstsein* entwickelt werden soll, wie beispielsweise Raum schaffen oder Lücke erkennen (Roth & Kröger, 2021). In der vierten Stufe *Entscheidungsfähigkeit* sollen die Spieler*innen die Möglichkeit bekommen, eigene Entscheidungen zu treffen. Dabei werden die Sportspieltechniken nicht

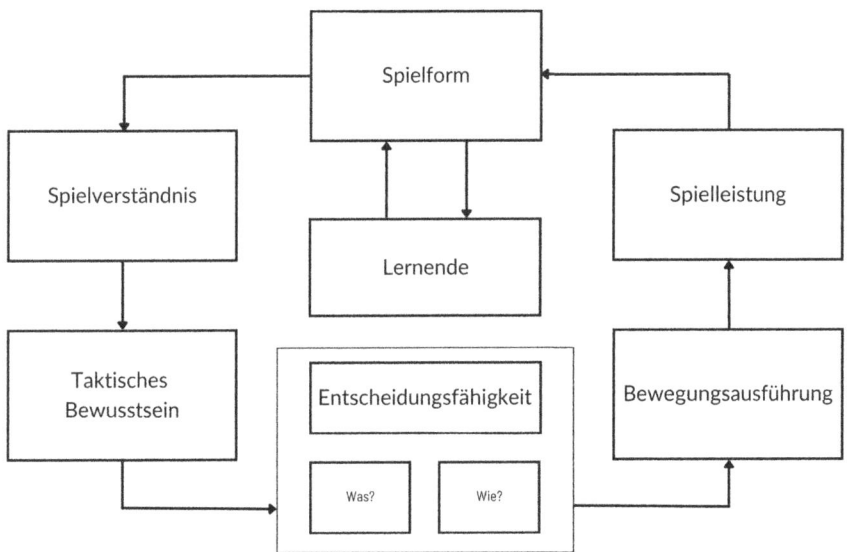

Abb. 3.1 Ursprüngliches Teaching Games for Understanding model. (Bunker et al., 1986, S. 30)

explizit vermittelt, sondern integrativ über Fragen eingebaut. Somit kommt das
Thema technische Ausführung hier in Stufe 4 zum ersten Mal vor und auch nur
in einem überschaubaren Maße. Mit gezielten Fragen versucht der*die Trainer*in
die Spieler*innen auf den richtigen Weg mitzunehmen. Dies setzt eine gewisse
Erfahrung voraus, da es natürlich aus Trainer*innen-Sicht einfacher wäre, die
richtige Schublade selbst zu öffnen, wenn es im Training nicht weitergeht oder
Probleme entstehen, um methodisch einzugreifen. In Stufe 5 *Bewegungsausführung* geht es dann um die Technik, die allerdings nie explizit herausgegriffen,
sondern immer im Kontext des Spiels betrachtet wird. Die sechste Stufe *Spielleistung* beschäftigt sich mit den taktischen und technischen Gegebenheiten des
Zielspiels und versucht, die Leistung der Spieler*innen unter bestimmten Kriterien
zu perfektionieren.

Abschließend ist festzuhalten, dass nach Bunker et al.,1986) die Reihenfolge
dieser Stufen wichtig und daher einzuhalten ist, da diese die Basis des Modells
bilden, wie eine Fußball- bzw. Sport-Stunde oder generell ein Thema vermittelt
werden kann.

Im Laufe der Zeit wurde dieses Modell angepasst und auf lediglich drei Stufen
reduziert, die alles Notwendige beinhalten (Abb. 3.2).

Die Abb. 3.2 zeigt das reduzierte Modell, bei dem es sich um einen Kreislauf handelt, der als einzelne Trainingseinheit oder aber als längerer Zyklus
zu betrachten ist. Die Vermittlung des Sports bzw. des Fußballs beginnt in
diesem Modell mit einer modifizierten, vereinfachten Spielform, gefolgt von
dem taktischen Bewusstsein, das mithilfe von Fragen der Trainer*innen an die
Spieler*innen herangetragen wird. Danach folgen die Technikausführung bzw. das
Fertigkeitstraining am Ende des Zyklus und nicht zu Beginn sowie zum Schluss
dem nochmaligen Spielen der Spielformen.

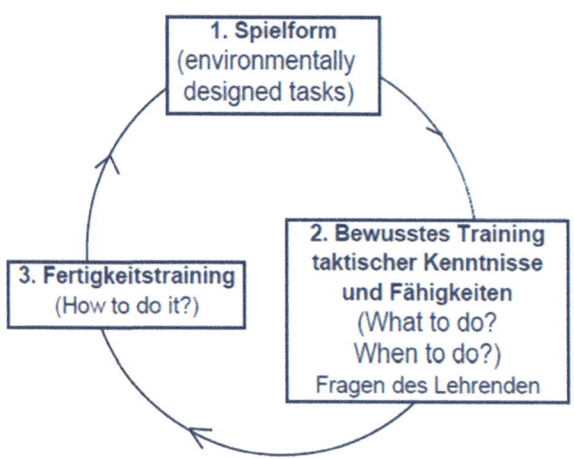

Abb. 3.2 Tactical Awareness Approach. (Mitchell et al., 2006, S. 13)

Zusammenfassend lässt sich festhalten, dass die beiden Modelle einen sehr spielnahen Ansatz verfolgen, in dem die Taktik vor allem zu Beginn einen viel höheren Stellenwert einnimmt, im Vergleich zur Technik. Des Weiteren wird durch geschicktes Fragen stellen vonseiten der Trainer*innen versucht, die Spieler*innen aktiver in die Trainingseinheit zu integrieren.

Im Zuge der Taktik fallen in vielen Fällen häufig auch die beiden Begrifflichkeiten Kreativität und Spielintelligenz. Diese werden oft gleichgesetzt oder sogar synonym verwendet, was allerdings falsch ist. Bei der Kreativität wird das divergente, taktische Denken angesprochen, während die Spielintelligenz auf dem konvergenten, taktischen Denken beruht (Guilford, 1967).

▶ „In Mannschafts- und Rückschlagsportarten versteht man unter *taktischer Kreativität* die Generierung zahlreicher Lösungen zu Problemen in spezifischen individual-, gruppen- oder mannschaftstaktischen Spielsituationen, die als überraschend, selten und/oder originell bezeichnet werden können." (Memmert, 2019, S. 50).

Kreative Spieler*innen zeichnen sich dadurch aus, unerwartete bzw. originelle Lösungen in unterschiedlichen Situationen zu treffen, die allesamt zielführend sind. Sie schaffen es, Ideen zu produzieren, die lösungsorientiert sind und können sich somit aus fußballerischen Problemen befreien.

Daher ist es unumgänglich, das Kreativitätstraining als ein zentraler, wichtiger Bestandteil der Talentförderung im Fußball zu verstehen. Dies unterstützen Studien zur Bedeutung von taktischer Kreativität im Spitzen-Fußball, die beispielsweise zeigen konnten, dass mehr als 80 % aller Tore mindestens eine der letzten acht Aktionen vor dem Tor im hochkreativen Bereich und ca. 40 % sogar im höchstkreativen Bereich beinhalten und auch, dass Teams, die in die K.o.-Runde eingezogen sind, im Schnitt mehr Kreativitätsmerkmale beim vorletzten Pass aufweisen, als die in der Vorrunde gescheiterten Teams (Kempe & Memmert, 2018). Somit kann durchaus behauptet werden, dass kreative Spieler*innen heutzutage den Unterschied im Fußball ausmachen können.

Im Kreativitätstraining muss darauf geachtet werden, dass Trainer*innen Aufgaben stellen, aber nicht die Lösung(en) direkt von Beginn an vorgeben und somit keine Aufmerksamkeitslenkung stattfindet. Memmert (2015, 2019) verweist auf die 7 ‚Ds', die zu einer Verbesserung der Spielkreativität führen, die hier genannt, aber nicht näher erläutert werden.

Überblick
- Deliberate Play (unstrukturiertes Spielen)
- One-Dimension-Games (Ein-Baustein-Spiele)
- Diversifikation (vielseitiges Spielen)
- Deliberate Memory (zielgerichtetes Gedächtnis)
- Deliberate Coaching (zielgerichtetes Coaching)
- Deliberate Motivation (zielgerichtetes Motivieren)
- Deliberate Practice (zielgerichtetes Üben)

▶ „In Mannschafts- und Rückschlagsportarten versteht man unter *taktischer Spielintelligenz* die Produktion von einer Bestlösung zu Problemen in spezifischen individual-, gruppen- und mannschaftstaktischen Spielsituationen." (Memmert, 2019, S. 46).

Spielintelligente Spieler*innen sind in der Lage außerordentlich häufig die richtigen, optimalen Entscheidungen in bestimmten Situationen im Fußball zu treffen, um dadurch mit der besten Lösung das Spiel fortzusetzen.

Beim Training der Spielintelligenz arbeiten Trainer*innen vermehrt mit Wenn-Dann-Regeln. Den Trainer*innen fallen bestimmte Verhaltensweisen an ihren Spieler*innen auf, die sie gern anders umgesetzt sehen würden und frieren daher die Spielsituation ein. Sie stellen die eingefrorene Situation nach und erläutern, was die Spieler*innen in dieser Situation besser hätten machen können. Sie positionieren beispielsweise Spieler*innen anders auf dem Feld, um eine bessere Spielfortsetzung zu erreichen. Die Trainer*innen geben somit die Idealvorstellung, die sie im Kopf haben, auf diese Art und Weise an ihre Spieler*innen weiter.

Gibt es nun eigentlich nur den*die Kreativspieler*in oder den*die spiel-intelligente*n Spieler*in oder gibt es auch *Mischformen?* Reine Kreativ-spieler*innen gibt es eigentlich nicht mehr. Es ist auffällig, dass Kreativspieler*innen außergewöhnliche Dinge mit dem Ball anstellen können und manchmal Pässe auf Mitspieler*innen spielen, die selbst in der Zeitlupe für den gemeinen Fußballfan schwer nachzuvollziehen sind und ihm*ihr daher ein ungläubiges Staunen abverlangen. Diese Kreativspieler*innen schaffen es allerdings ebenfalls, situations-angemessen Bestlösungen anzubieten, ohne in jeder Aktion auf den großen WOW-Effekt aus zu sein. Im Gegensatz dazu glänzen spielintelligente Spieler*innen damit, dass sie gefühlt jede Situation im Spiel bestmöglich für sich und die Mannschaft managen und selbst in ausweglosen Situationen häufig die Ruhe bewahren. Bei diesen Spieler*innen wartet der Fan allerdings vergebens auf einen WOW-Effekt, auf ein absolut kreatives Sahnestückchen, auf einen genialen Pass, der so nicht zu erwarten war oder auf eine Finte, die ein Raunen des Publikums nach sich zieht.

Somit kann konstatiert werden, dass Kreativspieler*innen durchaus auch eine spielintelligente Veranlagung besitzen, spielintelligente Spieler*innen aber eigent-lich kein kreatives Potenzial in sich tragen.

Diese Schlussfolgerung unterstreicht nochmals die Herangehensweise im Training über den zeitlichen Verlauf. Im Kindesalter sollte vermehrt darauf geachtet werden, die Kreativität, wie oben beschrieben, zu entwickeln und erst im Laufe der Zeit (ab der U12) das Spielintelligenz-Training zusätzlich zu integrieren. Ab dann sollte beides bis ins Erwachsenenalter angeboten werden, sowohl offene Aufgaben als auch klar vorgegebene Lösungsansätze durch die Trainer*innen für die Spieler*innen.

Literatur

Bunker, D., & Thorpe, R. (1982). A model for the teaching of games in secondary schools. *Bulletin of Physical Education,* 18(1), 5–8.

Bunker, D., Thorpe, R. , & Almond, L. (1986). *Rethinking games teaching.* Loughborough: University of Technology.

Guilford, J. P. (1967). *The nature of human intelligence.* McGraw-Hill.

Hottenrott, K., Hoos, O., Stoll, O., & Blazek, I. (2022). Sportmotorische Fähigkeiten und sportliche Leistungen – Trainingswissenschaft. In A. Güllich & M. Krüger (Hrsg.), *Sport* (S. 563–634). Springer.

Kempe, M., & Memmert, D. (2018): "Good, better, creative": the influence of creativity on goal scoring in elite soccer. *Journal of Sports Sciences, 36,*

Mitchell, S. A., Oslin, J. L., & Griffin, L. L. (2006). *Teaching sport concepts and skills: A tactical games approach.* Human Kinetics.

Memmert, D. (2015). *Teaching tactical creativity in team and racket sports: research and practice.* Routledge.

Roth, K., & Kröger, C. (2021). *Ballschule – Das ABC des Spielens in Schule und Verein.* Hofmann-Verlag.

Leistungsbestimmende Faktoren im Fußball

4

▶ „Die sportliche Leistungsfähigkeit ist aufgrund ihrer multifaktoriellen Zusammensetzung nur komplex zu trainieren. Allein die harmonische Entwicklung aller leistungsbestimmenden Faktoren ermöglicht das Erreichen der individuellen Höchstleistung." (Weineck, 2010, S. 25)

Unabhängig der Gewichtung dieser einzelnen Faktoren ist zu bezweifeln, dass dieses Zitat wirklich so umgesetzt wird, weder im Kinder-, Jugend- oder Erwachsenenfußball noch im Breiten-, Amateur- oder Profisport. Was sind die leistungsbestimmenden Faktoren im Fußball? Abb. 4.1 versucht einen ersten Überblick darüber zu geben und stellt eine Zusammenfassung relevanter Abbildungen zu diesem Thema dar.

Koordination

▶ „Die koordinativen Fähigkeiten sind ein eigenständiger Bestandteil der motorischen Basisfähigkeiten und äußern sich im Prozess der Informationsaufnahme (Sensorik), Informationsverarbeitung und –speicherung sowie der Informationsumsetzung (Motorik). Im Sport repräsentieren sie technikübergreifende Leistungsvoraussetzungen und haben unmittelbaren Einfluss auf die Ausprägung von Kraft, Schnelligkeit, Beweglichkeit und Ausdauer." (Hottenrott et al., 2022, S. 614).

Eine gut ausgebildete Koordination zeigt sich darin, dass Spieler*innen den eigenen Körper, den Ball und womöglich auch den*die Gegenspieler*in in sämtlichen Spielsituationen beherrschen können. Es kommt dadurch zu flüssigen, eleganten, harmonischen und ökonomischen Bewegungen mit und ohne Ball. Eine ausgeprägte koordinative Basis trägt dazu bei, dass darauf aufbauende neue Bewegungen schneller gelernt werden können und dadurch die motorische Entwicklung gefördert und begleitet wird.

© Der/die Autor(en), exklusiv lizenziert an Springer-Verlag GmbH, DE, ein Teil von Springer Nature 2023
S. Schwab und J. Balle, *Fußball – Das Praxisbuch für Training, Studium, Schule und Freizeitsport,* Sportpraxis, https://doi.org/10.1007/978-3-662-67984-5_4

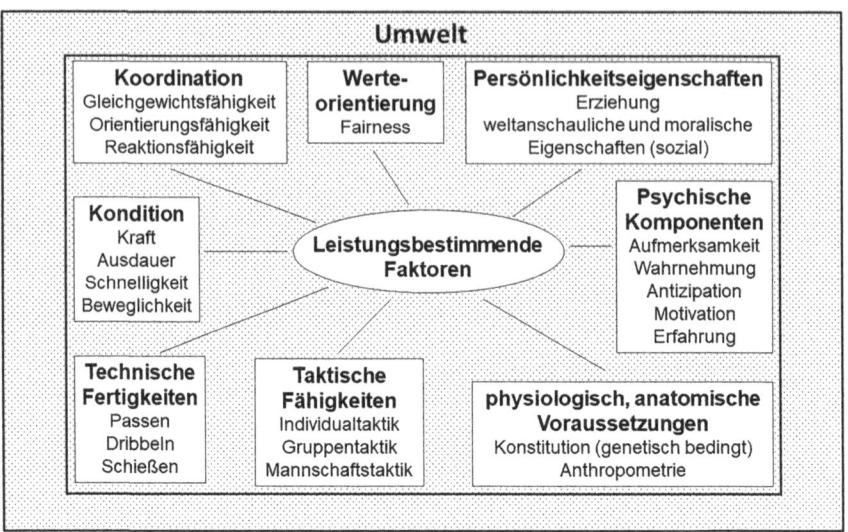

Abb. 4.1 Leistungsbestimmende Faktoren im Fußball

▶ „Bei der Schulung der koordinativen Fähigkeiten gibt es kein zu früh, sondern lediglich unzulängliche, d. h. dem Entwicklungsstand der Kinder noch nicht ausreichend angepasste Methoden und Inhalte." (Weineck et al., 2012).

Dennoch sollte das Koordinationstraining selbstverständlich in sämtlichen Altersklassen Bestandteil des Fußballtrainings sein. Wohlwissend, dass sich u. a. nach Roth und Roth (2009) für die koordinativen Basiskompetenzen die Entwicklungsabschnitte vor der Pubertät, besonders in Bezug der Trainierbarkeit, lohnen. Aber gerade auch bei älteren Erwachsenen eignet sich ein gezieltes Koordinationstraining hervorragend, zur Sturzprophylaxe und dem Erhalt der eigenen Mobilität und Lebensqualität. Stürze gehen in höherem Alter vermehrt mit Knochenbrüchen und einer langen Reha-Phase einher, die natürlich vermieden werden sollte.

Die Koordination lässt sich zum einen klassischerweise durch das Training der sieben koordinativen Fähigkeiten (Differenzierungsfähigkeit, Orientierungsfähigkeit, Reaktionsfähigkeit, Kopplungsfähigkeit, Rhythmisierungsfähigkeit, Umstellungsfähigkeit und Gleichgewichtsfähigkeit) verbessern. Zum anderen soll hier noch auf eine weitere Möglichkeit zur Verbesserung der Koordination mithilfe der folgenden methodischen Grundformel hingewiesen werden: einfache Ballfertigkeiten (fangen, schießen, schlagen, prellen, rollen, werfen, dribbeln)+Vielfalt (efferente, afferente Anforderungen)+Druckbedingungen (Zeitdruck, Präzisionsdruck, Komplexitätsdruck, Organisationsdruck, Variabilitätsdruck, Belastungsdruck). Nach dieser Formel ist beispielsweise ‚Schwänzchen fangen' als Koordinationstraining mit den folgenden Anweisungen zu bewerten.

Beispiel

Jede*r steckt sich ein Parteiband oder Leibchen hinten in die Hose, sodass es zur Hälfte heraushängt. Die Grundidee ist nun, innerhalb einer bestimmten Zeit so viele Schwänzchen wie möglich der anderen Spieler*innen zu klauen und sich diese selbst direkt in die Hose zu stecken. Sieger*in ist dann, wer die meisten Schwänzchen erobert hat.

Variationen:

- Zwei Teams mit bestimmten Schwänzchen-Farben spielen gegeneinander und versuchen somit nur die andere Farbe zu klauen.
- Es gibt zu Beginn nur eine*n Fänger*in. Klaut diese*r ein Schwänzchen, muss er*sie es außerhalb des Feldes in einen Kasten legen und der*die Gefangene hilft ihm*ihr direkt beim Schwänzchen fangen. Sieger*in ist, wer als letztes sein*ihr eigenes Schwänzchen verteidigt hat.
- Wer sein*ihr Schwänzchen gezogen bekommt, scheidet aus. Sieger*in ist in dieser Form, wer zum Schluss im Feld übrigbleibt ◄

Dieses kleine Beispiel mit den entsprechenden Variationen zeigt, dass Koordinationstraining viel häufiger vorkommt, als es die meisten Trainer*innen und Spieler*innen vermuten würden. Tatsächlich ist es sogar so, dass in jeder Spiel- und Übungsform Koordination eine mehr oder weniger wichtige Rolle spielt. Somit sollte im Fußball das Koordinationstraining von Trainer*innen genauer überdacht und die klassische Koordinationsleiter lieber durch kleine Spiele wie beispielsweise Fangspiele ersetzt werden!

Kondition

Die in Abb. 4.1 aufgeführten konditionellen Fähigkeiten Kraft, Ausdauer, Schnelligkeit und Beweglichkeit stellen mit Sicherheit einen leistungsbegrenzenden Faktor im Fußball dar, wobei hier wahrscheinlich eher die Mischformen, im Vergleich zu den Reinformen, hervorzuheben sind. Während die Kraftausdauer (Rudern, Eisschnelllauf) sowie die Schnellkraft (Skisprung) im Fußball eher untergeordnete Rollen spielen, ist die Schnellkraftausdauer, nicht zu verwechseln mit der Schnelligkeitsausdauer, die vor allem für Sprinter in der Leichtathletik relevant ist, der alles entscheidende Faktor. Als Synonym für die Schnellkraftausdauer wird auch häufig die Sprintausdauer verwendet. Davon ausgehend, dass die Hälfte der Sprintdistanzen in einem Fußballspiel 10 m und kürzer sowie 96 % aller Sprints nicht länger als 30 m sind (Stølen et al., 2005), ermöglicht eine ausgeprägte Schnellkraftausdauer mit voranschreitender Spieldauer annähernd maximale Sprintleistungen. Diese fußballspezifische Ausdauerform lässt sich u. a. sehr gut mithilfe der small sided games (Owen et al., 2004) trainieren, bei denen sich mittels verschiedener Steuerungsgrößen, je nach Variation, unterschiedliche Auswirkungen auf physiologische Parameter ergeben (Hill-Haas et al., 2011).

Um es noch einmal klarzustellen und explizit hervorzuheben, sind die konditionellen Reinformen natürlich auch wesentlich und wichtig.

Das Kraft-Training ist beispielsweise für eine fußballspezifische Rumpf-Stabilisation, um vernünftig Zweikämpfe führen zu können, für die Verletzungsprophylaxe bzw. Prävention und für die Rehabilitation nach Verletzungen, enorm wichtig. Hier kann bereits im Kindesalter mit dem eigenen Körpergewicht sinnvoll gearbeitet werden.

Im Ausdauer-Training ist eine sehr gut ausgebildete Grundlagenausdauer hilfreich, um dann darauf aufbauend die fußballspezifische Ausdauer auszubilden.

Das Schnelligkeits-Training und seine Wirkungen sind, wie keine der anderen konditionellen Fähigkeiten, enorm von genetischen Voraussetzungen abhängig und nur sehr schwer verbesserbar. Dennoch sollte die Schnelligkeit, von Fangspielen bis einfachen Antritts- und Reaktionsübungen hin zu fußballspezifischem Schnelligkeitstraining mit Ball, trainiert werden.

Das Beweglichkeits-Training sollte zum einen funktional gehalten werden und in Kombination mit dem Krafttraining vor allem mögliche Dysbalancen beheben und zum anderen regenerativ bzw. präventiv eingesetzt werden.

Technik und Taktik
Ein adäquates Techniktraining sollte vor allem die Funktionalität vor den ästhetischen Gesichtspunkten bevorzugen und somit individuellen Gegebenheiten Rechnung tragen. Vermeintliche technische Fehler sollten daher von Trainer*innen nur dann gecoacht werden, wenn das Misslingen einer Aktion nicht auf einen kognitiven Entscheidungsfehler, sondern tatsächlich auf die technische Ausführung zurückzuführen ist.

Alles Weitere zu den Themen Technik und Taktik wurde bereits ausführlich in den Kap. 2 und 3 erläutert, auf diese hiermit verwiesen werden soll.

Werteorientierung und Persönlichkeitseigenschaften
Trainer*innen sind Vorbilder, im Kinder- und Jugendfußball wahrscheinlich weit mehr als im Erwachsenenbereich. Dementsprechend sollten sie sich ihrer Rolle auch bewusst sein und danach handeln. Wenn es darum geht, Fairness untereinander zu fördern und einzufordern sowie fair miteinander umzugehen, dann muss der*die Trainer*in dies zunächst selbst vorleben, im Umgang mit beispielgebend den eigenen und gegnerischen Spieler*innen, den eigenen und gegnerischen Trainer*innen und den Eltern.

Beispiel

- Ein*e Spieler*in, der*die nach einem Foulspiel den Ball in die Hände nimmt, gemütlich fünf Meter zurückschlendert und den Ball dann anschließend in hohem Bogen Richtung Ort des Geschehens wirft, kann aus Trainer*innen-Sicht entweder gelobt werden, da er*sie mit dieser ‚cleveren‘ Aktion das Spiel verzögert und der eigenen Mannschaft somit Zeit gegeben hat, sich wieder neu zu ordnen oder getadelt werden, da nach einem

Foul-Pfiff des*der Unparteiischen der Ball in Ruhe gelassen werden soll, weil die gegnerische Mannschaft den Freistoß zugesprochen bekommen hat.

- Wie kann es sein, dass vor einer Einwurf-Entscheidung des*der Schiedsrichters*Schiedsrichterin häufig beide Hände der beteiligten Gegenspieler*innen nach oben gehen, um für sich das Einwurfs-Recht einzufordern?
- Nach einer Schiedsrichter*innen-Entscheidung gegen die eigene Mannschaft den Ball einfach zehn Meter ‚wegzuschubsen‘, um Zeit zu gewinnen, ist unfair und stört zudem den Spielfluss. Hier sollte mal über die Einführung bzw. Übernahme der entsprechenden Handball-Regel nach derartigen Schiedsrichter*innen-Entscheidungen nachgedacht werden oder die Trainer*innen dazu angehalten werden, solches Verhalten von klein auf nicht zu dulden und pädagogisch einzuschreiten, um dieses mehr als unfaire Schauspiel auf Fußballplätzen zu unterbinden oder zumindest einzudämmen. ◄

Warum funktioniert es im Handball, dass nach einem Pfiff der Ball liegen bleibt? Weil es zum einen von Anfang an den Kindern so beigebracht wird und zum anderen es konsequent umgesetzt und geahndet wird, auf welchem Expertise-Level auch immer. Dies bestätigt auch ein Zitat der Profi-Schiedsrichterin Katrin Rafalski:

> „Wir müssen Unsportlichkeiten abschaffen und dahin kommen wie zum Beispiel im Handball. Wenn dort ein Foul gepfiffen wird, wird der Ball einfach hingelegt.“ (Ebert & Schröter-Lorenz, 2023, S.77)

„Was du nicht willst, das man dir tut, das füg‘ auch keinem andern zu!“ Getreu dieses banalen Sprichwortes sollte den Jüngsten bereits vermittelt werden, andere Kinder bzw. Menschen so zu behandeln, wie jede*r Einzelne auch selbst gerne von anderen behandelt werden würde.

Psychische Komponenten
Physis, Psyche, Technik und Taktik sind gleich wichtig und entwickelbar, heißt es häufig. Dennoch ist es im Fußballkosmos, zumindest in der medialen Außendarstellung, immer noch kein Selbstverständnis, mit Sportpsycholog*innen zusammen zu arbeiten, zu trainieren oder sogar sportpsychologische Interventionen in den Trainingsalltag auf den Platz zu integrieren.

Es entsteht nach wie vor leider noch häufig der Eindruck, dass Spieler*innen oder Mannschaften, die mit Sportpsycholog*innen kooperieren, ein ‚Problem‘ haben müssen oder gerade mit ihrer Leistung nicht zufrieden sind. Die Tatsache, dass Spieler*innen derartige Angebote nutzen, um an ihr individuelles Optimum heranzukommen, wird kaum thematisiert. Mögliche Anknüpfungspunkte in Gesprächen sind beispielsweise Themen wie (Leistungs-)Motivation, Leadership, Zielorientierung, Selbsteinschätzung sowie nonverbales Verhalten (zu Letzterem siehe Furley, 2021) und in praktischen Interventionen Themen wie Antizipation,

Wahrnehmung sowie Entscheidungsfindung. Alles Themen, in denen noch eine Menge Potential zur Entfaltung steckt und somit zur stetigen Verbesserung von Spieler*innen beitragen wird.

Ist es vorstellbar, dass sich das Spieltempo oder die physische Schnelligkeit der Spieler*innen noch großartig erhöhen lässt? Wahrscheinlich eher nicht! Wobei die Expert*innen in den erfolgreichen WM-Jahren 1954, 1974, 1990 und 2014 allesamt die gleiche Antwort gegeben hätten. Allein innerhalb der vergangenen 20 Jahre haben sich bei den Spielern der deutschen Nationalmannschaft die durchschnittlichen Ballkontaktzeiten von 2,8 s (2005) auf mittlerweile unter 0,9 s (2016) entwickelt. (DFB, 2016).

Die Schnelligkeit im Kopf birgt somit die Möglichkeit, das Leistungsvermögen der Spieler*innen vollumfänglicher auszuschöpfen, um so dem immer ‚schneller‘ und komplexer werdenden Spiel entgegenzutreten. Begriffe wie *Vororientierung* oder *Scanning* sind daher mittlerweile sehr stark in die Trainingspraxis integriert und fester Bestandteil der fußballerischen Ausbildung.

Physiologich, anatomische Voraussetzungen
Die genetisch bedingte Konstitution lässt sich fast nicht beeinflussen und ist daher vorgegeben. Im Vergleich zu anderen Sportarten wie beispielsweise Basketball oder Volleyball, in denen die reine Körpergröße auf bestimmten Positionen höchstwahrscheinlich ein entscheidenderer Faktor darstellt, ist es im Fußball durchaus möglich, ein*e hervorragende*r Innenverteidiger*in oder Torhüter*in zu werden bzw. zu sein, ohne dem passenden Gardemaß zu entsprechen. Dennoch gibt es mit Sicherheit Trainer*innen, die auf bestimmten Spielpositionen Mindestanforderungen an Körpergröße für sich festgelegt haben.

Dass Körpergröße aber nicht alles ist, zeigen zum Beispiel Jules Koundé, französischer Innenverteidiger in Diensten des FC Barcelona (Saison 22–23) mit gerade einmal 1,78 m oder Yann Sommer, schweizerischer Torwart des FC Bayern München (Saison 22–23) mit verhältnismäßig kleinen 1,83 m. Bei einer Körpergröße von 1,85 m war der ehemalige englisch-nigerianische Angreifer Adebayo Akinfenwa mit 102 kg ziemlich kräftig, was ihn aber nicht von einer Profikarriere abgehalten hat, mit immerhin einem BMI von 29,8.

Die Konstitution ist somit einer von vielen Bausteinen, die zum Erreichen der individuellen Höchstleistung im Fußball, von Kreisklasse bis Champions League, hineinspielt und durch andere Bausteine allerdings zusätzlich aufgewertet werden kann.

Umwelt
Retrospektive Interviews mit herausragenden Sportler*innen und Persönlichkeiten zeichnen oftmals ein klares Bild. Den Löwenanteil ihres Erfolgs schreiben sie ihrer Umwelt und bedeutenden Personen, insbesondere ihren Eltern zu.

Die Umwelt übt positive oder negative Auswirkungen auf viele verschiedene Arten aus. Zuerst sollte zwischen der makroskopischen Ebene (geographisch, demographisch, soziologisch, usw.) und der mikroskopischen Ebene (Größe der Familie, sozioökonomischer Status, Freundeskreis, usw.) unterschieden werden.

Ein Kind, das neben einem Fußballplatz aufwächst und diesen nahezu jeden Tag für das Spielen alleine oder mit Freunden nutzen kann, ist in seinen Möglichkeiten deutlich freier, als ein Kind, das bis zur nächsten Wiese oder bis zum nächsten Platz auf Eltern oder öffentliche Verkehrsmittel angewiesen ist. Somit kann die Umwelt leistungsbestimmend für die Entwicklung des jeweiligen Kindes sein.

Wer in einem häuslichen Umfeld aufwächst, in dem der Vater oder die Mutter selbst Fußball spielt oder Fußball zumindest medial konsumiert, bekommt einen ganz anderen Zugang zum (Fußball-) Sport, als in einer Familie, die mehr Wert auf die musikalische Bildung oder die künstlerische Erziehung der Kinder legt.

Interessant sind hier auch die Studienergebnisse zum *Little-Siblings-Effekt*. Bei Geschwistern ist das jüngere Kind wahrscheinlich besser im Sport als der*die Ältere. Dieses Phänomen zeigt sich auch im Leistungssport. Im Schnitt haben Leistungssportler*innen 1,04 ältere Geschwister. Breitensportler haben dagegen lediglich 0,6 ältere Geschwister im Durchschnitt (Heinrichs & Robinson, 2014).

Abschließend lässt sich sagen, dass das beste Training nichts bringt, wenn sich dem*der Spieler*in nicht auch im Alltag ein Umfeld bietet, das ihn*sie unterstützt und fördert, Siege gemeinsam feiert und nach Niederlagen hilft, den*die Sportler*in wiederaufzubauen, einfach nur da zu sein und den Fokus nach vorn zu richten.

Literatur

DFB (2016, 22. August). Training mit der Augenklappe: Einäugig besser sehen lernen! Zugriff unter https://www.dfb.de/trainer/artikel/training-mit-der-augenklappe-einaeugig-besser-sehen-lernen-2310/?no_cache=1.

Ebert, M., & Schröter-Lorenz, C. (2023). Diskriminierung beginnt auch bei Du Kartoffel. *kicker, 28,* 76–77.

Furley, P. (2021). The nature and culture of nonverbal behavior in sports: Theory, methodology, and a review of the literature. *International Review of Sport and Exercise Psychology.* https://doi.org/10.1080/1750984X.2021.1894594

Heinrichs, A., & Robinson, M. (2014). The U.S. Women's Youth National Teams Program - Finding the next Mia Hamm and Alex Morgan. *Women's Soccer,* 64–70.

Hill-Haas, S. V., Dawson, B., Impellizzeri, F. M., & Coutts, A. J. (2011). Physiology of small-sided games training in football: A systematic review. *Sports Medicine, 41*(3), 199–220. https://doi.org/10.2165/11539740-000000000-00000

Hottenrott, K., Hoos, O., Stoll, O., & Blazek, I. (2022). Sportmotorische Fähigkeiten und sportliche Leistungen – Trainingswissenschaft. In A. Güllich & M. Krüger (Hrsg.), *Sport* (S. 563–634). Springer.

Owen, A. L., Twist, C., & Ford, P. R. (2004). Small-sided games: The physiological and technical effect of altering pitch size and player numbers. *Insight, 7*(2), 50–53.

Roth, K., & Roth, C. (2009). Entwicklung koordinativer Fähigkeiten. In Baur, J., Bös, K., Conzelmann, A., & Singer, R. (Hrsg.), *Handbuch motorische Entwicklung* (S. 197–225). Hofmann.

Roth, K., & Kröger, C. (2021). *Ballschule – Das ABC des Spielens in Schule und Verein.* Hofmann-Verlag.

Stølen, T., Chamari, K., Castagna, C., & Wisløff, U. (2005). Physiology of Soccer. *Sports Medicine, 35,* 501–536. https://doi.org/10.2165/00007256-200535060-00004

Weineck, J. (2010). *Optimales Training. Leistungsphysiologische Trainingslehre unter besonderer Berücksichtigung des Kinder- und Jugendtrainings (16* (Durchgesehene). Spitta-Verlag.

Weineck, J., Memmert, D., & Uhing, M. (2012). *Optimales Koordinationstraining im Fußball. Sportwissenschaftliche Grundlagen und ihre praktische Umsetzung.* Spitta.

Teil II
Spiel -und Wettkampfformen

Klassische Formen

5

Die moderne Form der heutigen Sportart Fußball wurde mit Sicherheit in England geprägt, wo sich im Herbst 1863 Vertreter von elf englischen Fußballklubs in London trafen, um allgemeingültige Spielregeln festzulegen, die das rüde Spiel des *Volksfußballs* vertreiben sollten. Dabei spielten die *public schools* durch die Vermittlung von ethischen Werten, wie Verantwortung, Teamgeist und Disziplin, eine herausragende Rolle bei der Entwicklung des Fußballs (Hoffmeister, 2004). Zunächst gaben sie sich einen festen, organisatorischen Rahmen, indem sie die Football Association (FA) gründeten, den ersten nationalen Fußballverband der Welt. Jedoch ist die historische Entwicklung bis zum englischen Ursprung noch nicht eindeutig geklärt. Günther (1955) spricht von Überlieferungen, dass es wohl bereits 2600 vor Christus eine Art Ballsport mit dem Namen *Ts´uh-küh* in China gegeben haben soll, was somit als das älteste Fußballspiel der Welt bezeichnet werden kann. Diem (1960) ordnet diese Variante mit dem Namen *TSU CHU* in einen Zeitraum zwischen 200 vor bis 221 nach Christus ein. *TSU CHU* oder *Ts´uh-küh* war jedenfalls eine völkische Spielform, bei der das Spielgerät ein Ball aus Leder war, der mit Haaren oder Federn gefüllt wurde. Sie diente entweder zum Zwecke der Belustigung an Festtagen oder wurde in einer wilden Variante mit physischer Gewalt durchgeführt (Lottermann, 1988). Weitere Versionen mit einer Ähnlichkeit zum Fußball, die vorranging in den unteren Bevölkerungsschichten praktiziert wurden, wurden vor allem im Mittelalter in England *(Hurling) Knappan, Camping)*, in Frankreich *(Soule)* oder in Italien *(Calcio)* durchgeführt (Lottermann, 1988). Dabei war es in der englischen und französischen Variante häufig das Ziel, einen schweren Lederball durch eine Art Tor, meistens das Stadttor, des rivalisierenden bzw. benachbarten Dorfes, durchzutragen. Alles passierte ohne Regeln oder etwaige Spielfeldbegrenzungen, was diese Wettkämpfe äußerst brutal und vereinzelt tödlich für manche Teilnehmer*innen enden ließen. Im Gegensatz dazu gab es beim *Calcio* in Italien, das vorrangig ein Sport der Oberschicht war, bereits im Mittelalter eine klare rechteckige Spielfeldbegrenzung

S. Schwab und J. Balle, *Fußball – Das Praxisbuch für Training, Studium, Schule und Freizeitsport,* Sportpraxis, https://doi.org/10.1007/978-3-662-67984-5_5

und ein Regelwerk, das Todesfälle eigentlich verhindern sollte. Die Gangart war hier dennoch ebenfalls sehr rau mit körperlich harten Zweikämpfen bis zu kleinen Schlägereien und der Aufgabe, einen runden Ball über eine gekennzeichnete, durchgezogene Linie auf der schmalen Seite zu befördern. (Bredekamp, 2001). Übrigens mit dem kleinen Unterschied zum heutigen Fußball, dass der Ball nicht ausschließlich mit dem Fuß fortbewegt werden musste.

Im Jahre 1886 entstand schließlich das International Football Association Board (IFAB), das bis heute über die Regeln des Fußballs wacht. Dieses Board entwickelte in jener Zeit beispielsweise die Regeln bezüglich der Spieleranzahl, der Feldbegrenzung, des Zweikampfverhaltens sowie des Handspiels weiter. Die Folge daraus war dann das erste Ligasystem in England im Jahre 1888 (Rötzer, 2015). Dadurch entwickelte sich der Fußball kontinuierlich weiter und verbreitete sich mit dem 11 vs. 11 als Standardform des Wettkampfs stetig in Europa.

In Deutschland ging es mit dem Fußball ungefähr ab 1870 los, wobei zu diesem frühen Zeitpunkt noch keine klaren Regeln zur Ballführung mit der Hand oder dem Fuß vorhanden waren und der Turnsport in Deutschland die ganz klare Nummer eins war, da er besser mit dem politischen System harmonierte. Die englische Trennung der Sportarten *Rugby* und *Football* (Lottermann, 1988), die sich in der Ballführung mit der Hand oder mit dem Fuß unterscheiden, wurde in Deutschland erst später vollzogen. Um 1880 kam es vor allem in Großstädten mit Universitäten und somit unter dem gebildeten Bürgertum zu Neugründungen von Fußballvereinen, da für Arbeiter*innen schlichtweg, neben ihrem körperlich anstrengenden Beruf, oft keine Zeit blieb und sie zudem keine Kraft mehr für eine derartige, dynamische Sportart aufbringen konnten. Zwei Persönlichkeiten, die zu dieser Zeit mehr als jede*r andere für die Pionierarbeit im deutschen Fußball standen, waren sicherlich Konrad Koch und Walter Bensemann, die u. a. auch Mitbegründer des Deutschen Fußball-Bundes im Jahre 1900 waren und somit den Weg zum heutigen Fußball ebneten. Im Jahre 1904 trat der DFB dann schließlich dem Weltverband FIFA bei und übernahm zwei Jahre später nach Aufforderung der FIFA die gängigen, englischen Spielregeln als einheitliches Reglement. Nach den beiden Weltkriegen, mit den schrecklichen Folgen für die Bevölkerung, musste sich auch der Fußball erst wieder gedulden und ob ein Ligasystemen durchgeführt werden konnte, entschied die Einstellung der jeweiligen Besatzungsmächte. Es dauerte bis 1963, ehe die ersten offiziellen Bundesligaspiele mit 16 Vereinen veranstaltet werden konnten und der Profifußball sich endgültig vom reinen Amateurgedanken im Fußball verabschiedete.

Über die Entstehung kleinerer Wettkampfformate wie dem 9 vs. 9 oder dem 5 vs. 5 lässt sich nur wenig Stichhaltiges in Archiven und Dokumentationen für dieses gesamte Zeitfenster mit den beschriebenen Entwicklungen finden. Es ist aber davon auszugehen, dass die Wissenschaft auch im Fußball schon früh Einzug gehalten hat. Um den Bedürfnissen von Spieler*innen auch im jüngeren Alter gerecht zu werden, wurden die Spielfeld- und Mannschaftsgrößen im Laufe der Zeit immer weiter angepasst. Diese Entwicklung ist noch immer nicht abgeschlossen. Spielformen wie das 3 vs. 3, auch Minifußball genannt, halten erst seit einigen Jahren Einzug im Kinderfußball und werden nun im darauffolgenden Kapitel näher beleuchtet.

Literatur

Bredekamp, H. (2001). *Florentiner Fußball: Die Renaissance der Spiele*. Wagenbach Verlag.

Diem, C. (1960). *Weltgeschichte des Sports und der Leibeserziehung*. Cotta-Verlag.

Günther, H. (1955). *Um Ball und Tor: Streifzug durch die Geschichte der Ball-, Wurf-, und Laufspiele*. Brockhaus Verlag.

Hoffmeister, K. (2004). *Fußball: Der Siegeszug begann in Braunschweig*. Selbstverlag.

Lottermann, S. (1988). *Fussballsport in Deutschland: Trainingswissenschaftliche Analyse der Entwicklung im Hochleistungsbereich [Inauguraldissertation]*. Johann Wolfgang Goethe-Universität.

Rötzer, G. (2015). *Fußball ist mehr als nur ein Spiel: Historische und soziologische Aspekte der Geschichte des Fußballs in Deutschland und Österreich von der Mitte des 19. Jahrhunderts bis zur Gegenwart [Diplomarbeit]*. Universität Wien.

Alternative Formen

6

Nach dieser Darstellung der ‚alten' Wettkampfformen im Kinderfußball muss ab sofort das vom DFB proklamierte Motto „Spaß am Spiel – die Basis für Breiten- und Spitzenfußball bei den Kleinsten legen" eindeutig Unterstützung finden. Bei den Kindern muss eine Begeisterung geweckt werden, die durch kindgerechte Spielformen den Spaß am Fußball für alle Kinder, unabhängig von Fähigkeiten und Können, erhöhen. Trainer*innen-Anweisungen im alten 7 vs. 7 lauten nicht selten: „Du bist mein*e Abwehrspieler*in. Du bleibst hinten und verteidigst unser Tor, darfst aber auf keinen Fall über die Mittellinie gehen!" Ist das wirklich die Grundlage zur Ausbildung im Kinderfußball? In den neuen Wettbewerbsformen, z. B. im 3 vs. 3, greifen alle an und verteidigen auch alle. Idealerweise hat jedes Kind bei einem 60-minütigen 3 vs. 3 Turnier ein bzw. mehrere Tor(e) geschossen, überhaupt auf das Tor geschossen, eine Torvorlage gegeben, ein Tor verhindert, usw. Im vorherigen, fiktiven Beispiel hat das Kind, wenn überhaupt, die Möglichkeit bekommen, das eigene Tor zu verteidigen; alles andere würde ihm*ihr mit dieser Ansage verwehrt bleiben.

Spaß ist somit auch ein potenzieller Schlüssel, mehr Kinder langfristig an den Fußball-Vereinssport zu binden und dadurch die Dropout-Quote einzudämmen bzw. zu reduzieren. Kinder und Jugendliche, die in den neuen Wettbewerbsformen besser gefördert werden und viel mehr Spielzeit und damit verbunden auch viel mehr Ballaktionen bekommen, verbessern ihre individuellen Fähigkeiten, erkennen an sich einen entsprechenden Leistungsfortschritt und hören so auch eher seltener mit dem Fußballspielen auf. Ein Kind, das sehr gern Fußball spielt, aber nur mittrainieren darf, weil es noch nicht so ‚gut' ist und am Wochenende häufig von dem*der Trainer*in nicht nominiert wird, da die alte 7 vs. 7 Form nur 12 Spieler*innen pro Spiel zulässt, der Kader aber aus 16 Spieler*innen besteht, wird früher oder später den Spaß am Fußball aus nachvollziehbaren bzw. offensichtlichen Gründen verlieren. Aber sind es nicht genau u. a. diese Kinder, die die breite Basis für die Zukunft des Fußballs bilden und langfristig an den

S. Schwab und J. Balle, *Fußball – Das Praxisbuch für Training, Studium, Schule und Freizeitsport,* Sportpraxis, https://doi.org/10.1007/978-3-662-67984-5_6

Amateurfußball, in welcher Funktion auch immer, gebunden werden müssen? Eine derartige, lebenslange Bindung der fußballspielenden Kinder stellt das gesamte Konstrukt Fußball nachhaltig auf ein solides Fundament.

6.1 Neue Wettbewerbsformen des DFBs

„Der 44. Ordentliche DFB-Bundestag in Bonn ist dem Beschluss des DFB-Bundes-jugendtages gefolgt und hat die verbindliche Umsetzung der neuen Spielformen im Kinderfußball bestätigt. Die Regelung tritt mit Beginn der Saison 2024/2025 bundes-weit in Kraft. Ab diesem Zeitpunkt werden die veränderten Spielformen, die kleinere Mannschaftsgrößen auf kleineren Spielfeldern vorsehen, die bisherigen Wettbewerbsan-gebote in der G-, F- und E-Jugend als feste Formate ablösen." (DFB, 2022)

Diese *Revolution* im Kinderfußball (U6–U11) soll dadurch noch mehr die Begeisterung an der Sportart Fußball wecken, Bindung schaffen, den Dropout ver-ringern und dadurch eine breite Basis für die Zukunft schaffen. Der DFB (2023, S. 4) geht daher von den folgenden allgemeinen Spielprinzipien aus:

Überblick
- Alle Kinder spielen mit Freude und gehören dazu
- Alle Kinder spielen selbstständig und sorgen für fairplay
- Erlebnis vor Ergebnis
- Coaching und Reize von außen werden minimiert
- Jedes Kind hat viele Ballaktionen und Erfolgserlebnisse
- Teamgröße und Spielfeldgröße wachsen mit der Entwicklung der Kinder
- Mädchen und Jungen spielen gemeinsam

Abb. 6.1 dient als Überblick und Orientierung, wie der Kinderfußball zukünftig idealerweise durchgeführt werden soll.

In diesem Kapitel soll nun die wissenschaftliche Begleitung durch einen der beiden Autoren zu den Themen *Torhöhenreduzierung* sowie *Vergleich der alten und neuen Wettbewerbsformen* näher dargestellt werden.

Das Projekt *Torhöhenreduzierung* begann mit einer Anekdote zu einem U9-Freundschaftsturnier im Kreis Aachen. Hier berichtete ein Trainerkollege, dass die Turniersieger zu einem Großteil den Gewinn dieses Turniers einem ein-zigen Spieler zu verdanken hatten. Dieser besaß nämlich die Kraft und die Fähig-keit, den Ball vom Anstoßpunkt aus direkt hoch in das Jugend-Tor (5×2 m) zu schießen. Der gegnerische Torwart hatte dabei keine Chance, da er viel zu klein für das Jugendtor war. Die Frage, die sich daraus ergab, war nun: Wollen wir unseren Kindern beibringen, primär hoch und fest zu schießen, um erfolgreich zu sein? Das wagen wir zu bezweifeln. Aber ganz unbewusst wird dies unter diesen Gegebenheiten den Kindern vermittelt. In den vergangenen Jahrzehnten wurde im Kinderfußball vieles angepasst, von der Spieldauer über die Ballgröße bis hin zu

KINDERFUSSBALL

*Anzahl Spieler*innen pro Spielfeld

	U6/U7 (G-Jugend)		U8/U9 (F-Jugend)		U10/U11 (E-Jugend)	
		oder		oder		oder
Teamstärke	2gg2*, max. 1 Rotationsspieler*in nach jedem Tor	3gg3*, max. 2 Rotationsspieler*innen nach jedem Tor	3gg3*, max. 2 Rotationsspieler*innen nach jedem Tor	5gg5*/4gg4*, max. 4 / 3 Rotationsspieler*innen nach jedem Tor oder 3min	5gg5/4gg4*, max. 2 Rotationsspieler*innen nach jedem Tor oder 3min	7gg7*/6gg6*
Tore	4 Mini-Tore (Max. 2,0m x 1,2m)	4 Mini-Tore (Max. 2,0m x 1,2m)	4 Mini-Tore (Max. 2,0m x 1,2m)	4 Minitore (Max. 2,0m x 1,2m) / KF-Tore höhenred. (1,65m)	4 Minitore (Max. 2,0m x 1,2m) / KF-Tore evtl. höhenred. (1,65m)	Kleinfeldtore
Spielfeld	ca. 16m x 20m Mittell. = Schusszone	ca. 25m x 20m, 6m Schusszone	ca. 25m x 20m 6m Schusszone	ca. 40m x 25m (6m Schusszone bei Minitoren)	ca. 40m x 25m (6m Schusszone bei Minitoren)	ca. 55m x 35m + Nebenspielfeld
Organisation	Festivalmodus mit auf-/absteigenden Spielfeldern	Festivalmodus mit auf-/absteigenden Spielfeldern	Festivalmodus mit auf-/absteigenden Spielfeldern	Festivalmodus mit auf-/absteigenden Spielfeldern	Festivalmodus mit auf-/absteigenden Spielfeldern	Festivalmodus
Spielbetrieb	Festivalform	Festivalform	Festivalform	Festivalform	Festivalform	Turnierform/Ligaspielbetrieb
Ball	3 (290g)	3 (290g)	3 (290g)	3 (290g)	4 (350g)	4 (350g)
Spieldauer	Max. 7 x 5min, Rotation nach jedem Tor	Max. 7 x 7min, Rotation nach jedem Tor	Max. 7 x 10min, Rotation nach jedem Tor	Max. 6 x 10-12min, Rotation nach 3 Min.	Max. 6 x 10-12min, Rotation nach 3 Min.	4 x 15min / 2x25min

Abb. 6.1   Die neuen Wettbewerbsformen im Kinderfußball. (DFB, 2023, S. 24)

den Auswechslungen. Die einzige Konstante dabei war die Torgröße mit fünf mal zwei Metern bis einschließlich in der D-Jugend.

Die Torhüter aus den vier europäischen Topligen sind durchschnittlich 1,90 m groß und spielen auf ein 2,44 m hohes Tor. F-Jugendliche sind dagegen im Schnitt 1,30 m (Robert Koch Institut, 2013) groß und müssen ein 2 m hohes Tor verteidigen. Der Übertrag des Verhältnisses zwischen Kind und Torhöhe in der F-Jugend auf den Erwachsenen-Fußball hätte die Konsequenz, die Tore auf 2,92 m zu erhöhen. Es müssten somit die F-Jugend-Tore auf 1,65 m reduziert werden, um die Relation im Erwachsenen- auf den Kinderfußball zu adaptieren.

Andere Sportarten zeigen in diesem Zusammenhang schon länger, wie es gehen kann. Im Kinderhandball wird eine entsprechende Lattenkonstruktion in das Tor gehangen um ineffiziente technische Wurfausführungen zu vermeiden und dem*der Torhüter*in eine realistische Chance zu geben, hoch geworfene Bälle zu parieren. Limpens und Kollegen (2018) konnten zeigen, dass eine angepasste Netzhöhe im Kindertennis die Fehlerquote reduziert und die eigenen Gewinn-schläge ansteigen lässt, damit sich eine grundlegende Spielfähigkeit besser ent-wickeln kann.

Die Torbreite im Fußball bleibt in diesen Überlegungen außen vor, da hier der*die Torhüter*in durch ein gutes Stellungsspiel die Bälle parieren kann und die entsprechenden Relationen zudem fast übereinstimmen, wohlwissend, dass bspw. Sprungkraftfähigkeiten bei Kindern weniger ausgeprägt sind als bei Erwachsenen. Dieses gute Stellungsspiel hilft in Bezug auf die Torhöhe eher geringfügig bis gar nicht. Die Relevanz, die Torhöhe in diesem Altersbereich zu verringern bzw. anzupassen, ist daher die logische Konsequenz und deckt sich mit dem generellen Anspruch, entwicklungsgemäße Wettbewerbsformen für Kinder zu kreieren.

In einem ersten Pilotprojekt im Frühjahr 2017 wurde versucht, mithilfe einer entsprechenden Lattenkonstruktion das Jugendtor auf 1,65 m zu verkleinern (Abb. 6.2).

Abb. 6.2 höhenreduziertes Jugendtor mit Lattenkonstruktion und Banner

An dieser ersten Pilotstudie, die zusammen mit dem Fußballverband Mittelrhein durchgeführt wurde, nahmen insgesamt vier Kölner Mannschaften teil, die zu einem ersten Messzeitpunkt (MZP) ein Turnier austrugen, bei dem im 6 + 1 vs. 6 + 1 auf 5 × 2 m Tore jeder gegen jeden mit einer 15-minütigen Spielzeit gespielt wurde. Direkt im Anschluss am selben Abend wurde eine zweite Spielrunde im identischen Spielmodus auf die höhenreduzierten 5 × 1,65 m Tore ausgetragen (MZP 2). In den darauffolgenden sechs Wochen sollten bzw. durften zwei Mannschaften auf die höhenreduzierten Tore (d. h. 5 × 1,65 m) und zwei Mannschaften auf die herkömmlichen Jugend-Tore (5 × 2 m) trainieren. Nach dieser Trainingsphase wurde zu einem dritten Messzeitpunkt eine erneute jeder gegen jeden – Spielrunde auf die 5 × 1,65 m Tore ausgetragen. Diese Spiele wurden in Form von Videos aufgezeichnet und anschließend die gewünschten Parameter ausgewertet.

Abb. 6.3 verdeutlicht deskriptiv, dass die Durchschnittsdistanz der abgegebenen Torschüsse deutlich geringer ausfiel, wenn auf die höhenreduzierten Tore (MZP 2 & MZP 3) gespielt wurde, im Vergleich zu den herkömmlichen Jugend-Toren (MZP 1).

Die größten Bedenken des Fußballverbandes Mittelrhein waren in diesem Zusammenhang, dass durch die höhenreduzierten Tore generell weniger Tore erzielt werden. Diese konnten allerdings entkräftet werden, was Tab. 6.1 veranschaulichen soll.

Auf die höhenreduzierten Tore fielen somit ungefähr zwei Tore mehr pro Spiel, was sicherlich auch der Tatsache geschuldet war, dass die Kinder von einer geringeren Distanz zum Tor geschossen haben.

Damit einhergehend konnte gezeigt werden, dass sich die Trefferquote aller vier Mannschaften auf die höhenreduzierten Tore deutlich verbessern konnte; ein höherer Anteil aller abgegebener Torschüsse führte somit auch zum Torerfolg (Abb. 6.4).

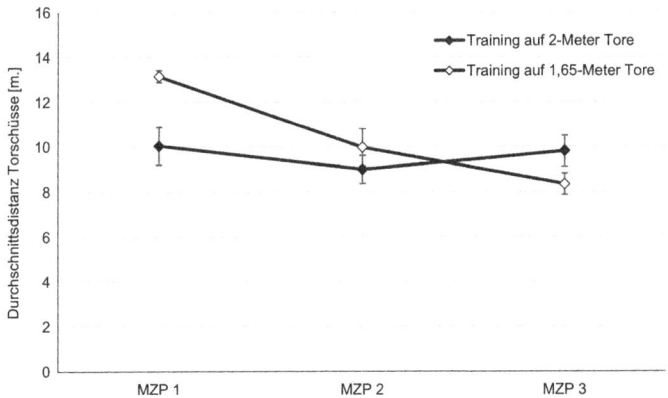

Abb. 6.3 Durchschnittsdistanz der Torschüsse in Bezug auf die drei Messzeitpunkte. (Schwab & Bergmann, im Druck)

Tab. 6.1 Erzielte Tore pro Spiel in der Pilotstudie

	MZP 1	MZP 2	MZP 3
erzielte Tore	4,75 ($SD=3,78$)	6,50 ($SD=0,58$)	7,00 ($SD=2,58$)

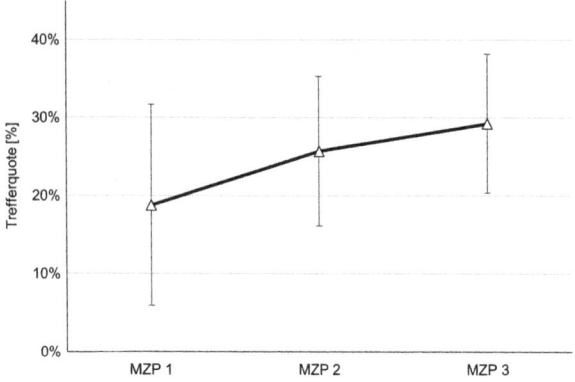

Abb. 6.4 Trefferquote (d. h. Anteil der Torschüsse, die zum Torerfolg führten). (Schwab & Bergmann, im Druck)

Darüber hinaus lässt sich erkennen, dass die Spieler*innen die Anzahl der Pässe vor dem Torabschluss auf die höhenreduzierten Tore nahezu verdoppelt haben (Abb. 6.5).

Damit sie die Durchschnittsdistanz ihrer Torschüsse verringern konnten, mussten sie in der einen oder anderen Situation einen zusätzlichen Pass auf eine*n Mitspieler*in ausführen, was dieses Ergebnis erklären könnte.

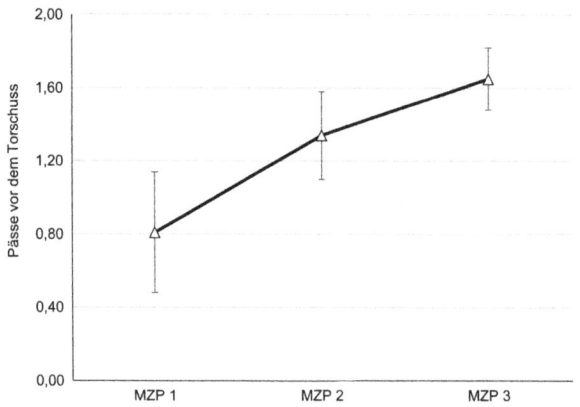

Abb. 6.5 Anzahl der Pässe vor dem Torschuss. (Schwab & Bergmann, im Druck)

Generell waren die Rückmeldungen aller Beteiligten nach der anfänglichen Skepsis durchweg positiv. Die Torhüter*innen waren davon begeistert, Bälle an die ‚neue' Latte ablenken zu können, um somit den Ball zu halten und nicht wie vorher, dennoch ein Gegentor zu kassieren. Die Feldspieler*innen adaptierten sehr schnell die neuen Gegebenheiten, was sich in den Ergebnissen der Pilotstudie positiv wiederspiegelt. Eltern und Trainer*innen vermittelten den gleichen Eindruck, nämlich, dass die Spieler*innen auf die höhenreduzierten Tore versucht haben, viel mehr Fußball zu spielen und sich Situationen, in denen Kinder einfach ‚blind' hoch auf das Tor geschossen haben, deutlich verringert wurden.

Schüsse aus der Distanz wurden dabei selbstverständlich nicht explizit verboten. Generell gab es keine konkreten Hinweise bzw. Vorgaben für die Spieler*innen von den Versuchsleiter*innen oder den Trainer*innen vor dem Turnier auf die höhenreduzierten Tore. Dies macht die Unterschiede der erhobenen Parameter von MZP 1 zu MZP 2 am selben Abend auch so bemerkenswert.

Nach dieser Pilotstudie hat u. a. der 1.FC Köln von den positiven Ergebnissen und Rückmeldungen der Beteiligten erfahren und gemeinsam mit dem Fußballverband Mittelrhein beschlossen, alle Kölner Vereine mit der neueren Version der Torhöhenreduzierung (Abb. 6.6) auszustatten.

Diese Variante ist praktikabler, da sie ein Erwachsener allein in kürzester Zeit anbringen kann und sicherer, da nicht mit einer zusätzlichen Lattenkonstruktion gearbeitet werden muss. Dieses rote Netz ist dennoch so straff gespannt, dass die Eigenschaften der ursprünglichen Konstruktion mit zusätzlicher Latte plus Banner erhalten bleiben und u. a. fest geschossene Bälle, die ins untere Drittel des roten Netzes fliegen, nicht im Tor landen, sondern von der ‚Latte' zurück ins Feld springen.

Bayer 04 Leverkusen, ebenfalls ein Verein des Fußballverbandes Mittelrhein, hat sich dazu entschieden, sich maßgeschneiderte Tore (1,65 m × 5 m) entwickeln zu lassen und diese dann zu nutzen (Abb. 6.7).

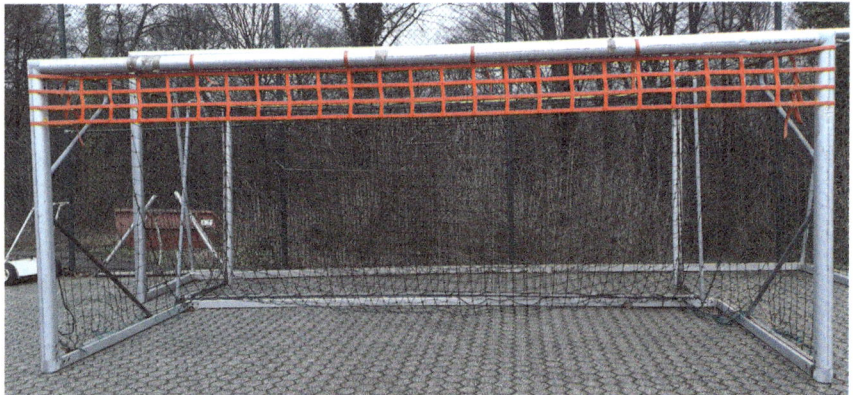

Abb. 6.6 höhenreduziertes Jugendtor im Fußballverband Mittelrhein

Abb. 6.7 maßgeschneidertes, höhenreduziertes Jugendtor

Die Tatsache, dass die beiden großen NLZs im Fußballverband Mittelrhein die
Torhöhenreduzierung begrüßen und durch ihre Aktionen auch unterstützen, erhöht
natürlich auch die Akzeptanz in jedem Amateur- und Breitensportverein hinsicht-
lich dieser Thematik und führte dazu, weitere, größer angelegte Projekte wissenschaftlich zu begleiten.

Nach dieser ersten Pilotstudie folgte eine zweite experimentelle Studie im
Untersuchungszeitraum Herbst 2017 bis Herbst 2018, die herausfinden sollte,
ob sich die deskriptiven Befunde aus der ersten Pilotstudie bei einem Einsatz
der höhenreduzierten Tore im regulären Spielbetrieb auch inferenzstatistisch
bestätigen lassen. Hierzu wurden jeweils drei Staffeln im F-Junior*innen-Alter
(U8 & U9) der beiden Kreise Berg und Köln mit insgesamt 38 Spielen im 6 + 1
auf höhenreduzierte Tore und mit insgesamt 20 Spielen im 6 + 1 auf die herkömmlichen Jugend-Tore begleitet, gefilmt und anschließend ausgewertet.

In dieser experimentellen Studie konnte eine geringere Durchschnittsdistanz
der abgegebenen Torschüsse beim Spiel auf höhenreduzierte Tore nachgewiesen
werden, was die deskriptiven Ergebnisse der Interventionsstudie bestätigen
konnte. Das Spiel auf die höhenreduzierten Tore ging, im Vergleich zum Spiel
auf die regulären Jugend-Tore im F-Junior*innen-Bereich, mit einer signifikant
geringeren Torschussdistanz einher (Abb. 6.8).

Bei den erzielten Toren pro Spiel zeigte sich kein signifikanter Unterschied, im Vergleich zur Pilotstudie zwischen dem Spiel auf höhenreduzierte
Tore (*MW* = 4,55, *SD* = 3,91), gegenüber dem Spiel auf reguläre Jugend-Tore
(*MW* = 4,68, *SD* = 4,66). Dieser nicht vorhandene Unterschied ist tatsächlich ein
schöner Befund, da er ein weiteres Mal verdeutlicht, dass die verringerte Torgröße
keinen Rückgang an erzielten Toren mit sich bringt.

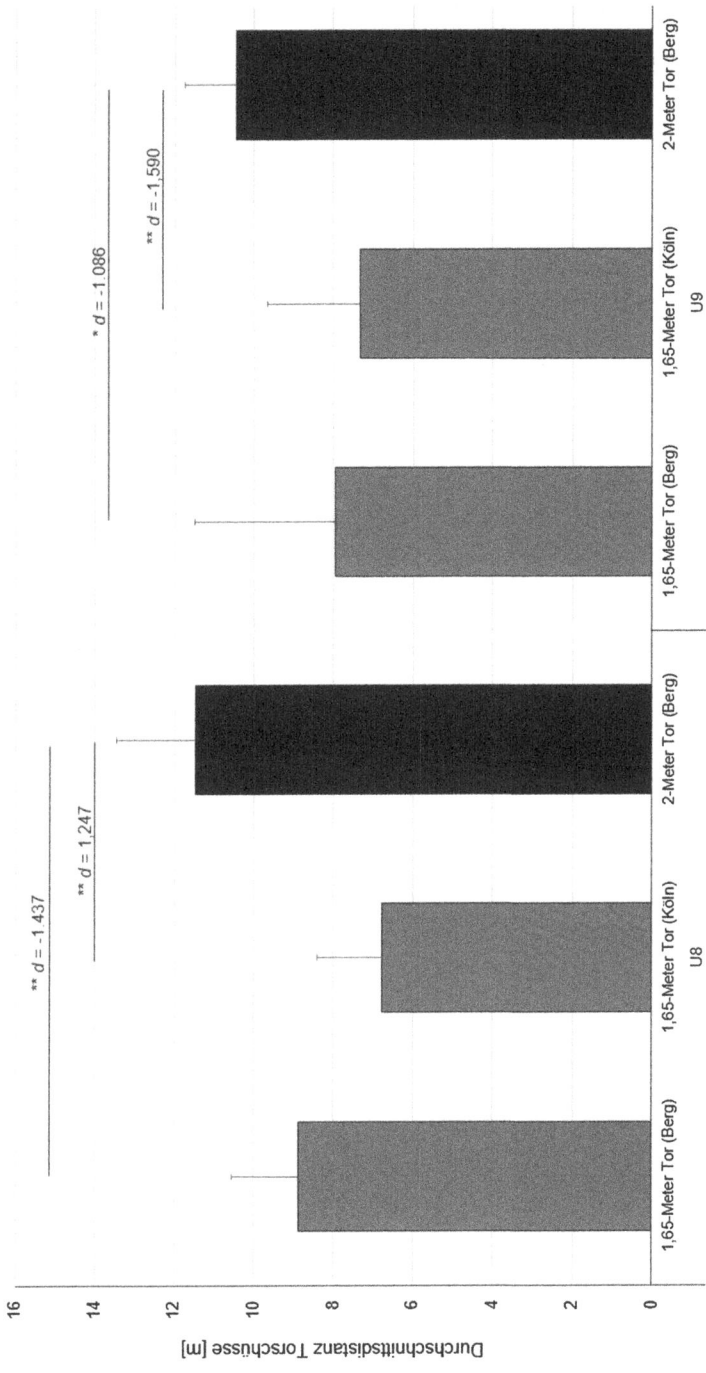

Abb. 6.8 Durchschnittsdistanz der Torschüsse auf 1,65-m-Tore und 2-m Tore in der U8 und U9. (Schwab & Bergmann, im Druck)

„Zusammenfassend führte die angepasste Torhöhe im F-Juniorenalter zu einer Ver-
ringerung der durchschnittlichen Torschussdistanz sowie zu mehr Pässen vor dem Torschuss. Dies lässt die vorsichtige Schlussfolgerung zu, dass Torabschlüsse vermehrt
ausgespielt wurden und Schüsse aus großen Distanzen durch die Torhöhenreduzierung
weniger lukrativ erscheinen. Außerdem wurde festgestellt, dass auf die höhenreduzierten
und regulären Tore gleich viele Tore fallen, die Verkleinerung der Tore also nicht mit
einer niedrigeren Anzahl an erzielten Toren pro Spiel einhergeht. Insbesondere mehr Tore
durch spielerische Aktionen sowie eine gleichbleibende Anzahl an Toren, obwohl die Torhüter*innen im höhenreduzierten Tor handlungsfähiger sind, verdeutlichen die Potenziale
der Anpassungen für eine entwicklungsgemäßere Spielkonzeption im F-Jugendalter.
Darüber hinaus bestätigen die subjektiven Eindrücke aus den Videoaufzeichnungen der
Spiele sowie die Rückmeldungen seitens der Trainer*innen und Kinder den Wert der
Modifikationen für die Sportpraxis." (Schwab & Bergmann, im Druck)

Das zweite Projekt ist der *Vergleich der alten und neuen Wettbewerbsformen*
(Abb. 6.1). Während bei dem Projekt *Torhöhenreduzierung* vor allem auf die Ver-
ringerung der Durchschnittsdistanz wert gelegt wurde, ging es bei diesem Projekt
eher um die Parameter Erhöhung der Anzahl an Dribblings und an erzielten
Toren. Dafür wurden etliche Spielformen (2 vs. 2 bis 5 vs. 5) auf vier Mini-Tore
an unterschiedlichen Standorten gefilmt und mit dem herkömmlichen 7 vs. 7
auf Jugend-Tore verglichen. Die erzielten Werte wurden dabei zum Zwecke der
Vergleichbarkeit immer pro Minute angegeben.

Ein Pilotturnier, das in Aachen durchgeführt wurde, zeigte die erwarteten
Ergebnisse bezüglich der Dribblings und der erzielten Tore auf eindrückliche Art
und Weise (Abb. 6.9 & 6.10).

In beiden Fällen ist deutlich zu erkennen, dass im Vergleich zum ‚alten' 7
vs. 7 die neuen Wettbewerbsformen 2 vs. 2 und 3 vs. 3 signifikant höhere Werte

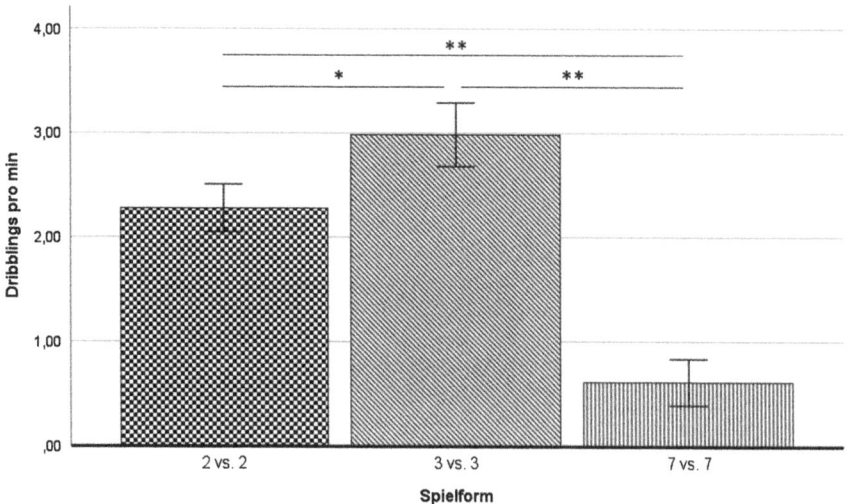

Abb. 6.9 Dribblings pro min (Pilotturnier in Aachen)

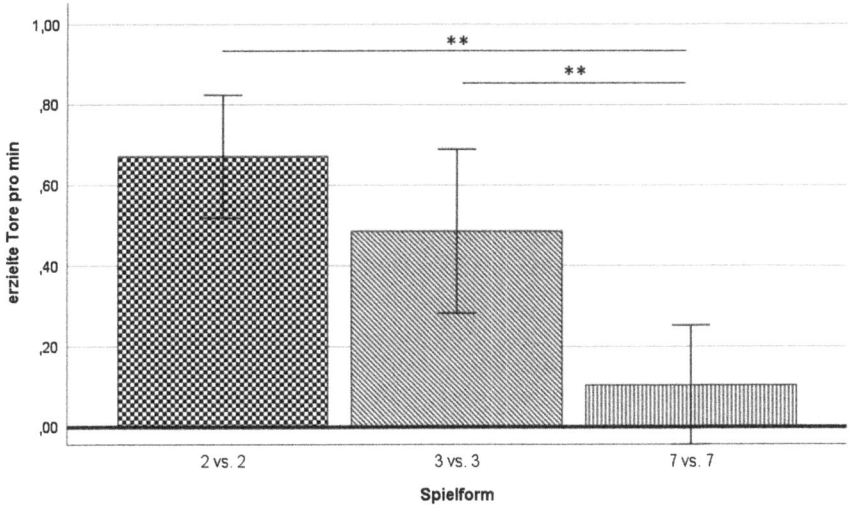

Abb. 6.10 Erzielte Tore pro min (Pilotturnier in Aachen)

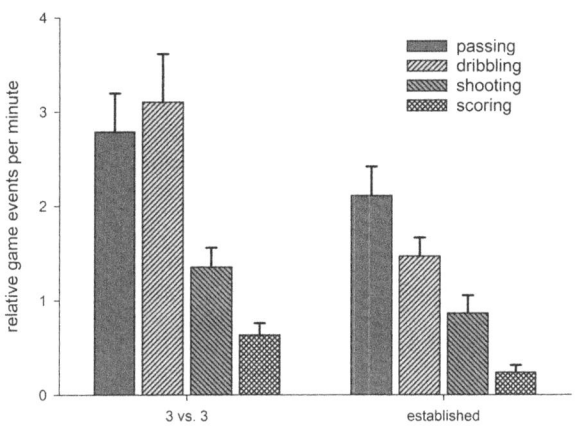

Abb. 6.11 Relative game events per minute of both game forms. (Lex et al., 2021, S. 169)

erzielten. Das bedeutet, dass hier wesentlich mehr gedribbelt und Tore erzielt wurden, mit der Konsequenz, dass dadurch die Wahrscheinlichkeit steigt, dass jede*r Spieler*in mit mehr Erfolgserlebnissen das Turnier wieder verlässt.

Ein weiteres Pilotturnier, das in Kooperation zwischen der Deutschen Sporthochschule Köln und der Universität Rostock durchgeführt wurde, soll exemplarisch herangeführt werden, weil es die Ergebnisse sämtlicher Pilotturniere wiederspiegelt und in Abb. 6.11 deutlich veranschaulicht und zusammengefasst wird.

Das Dribbling, der Torschuss sowie das Tore erzielen zeigt in sämtlichen Erhebungen, die durch den Autor wissenschaftlich begleitet wurden, signifikant bessere Ergebnisse in den neuen Wettbewerbsformen, im Vergleich zum bislang üblichen 7 vs. 7. Einzig der Parameter Passen bringt in der einen oder anderen Studie keinen signifikanten Unterschied zwischen den entsprechenden Wettbewerbsformen hervor; gelegentlich wird deskriptiv betrachtet sogar minimal häufiger im 7 vs. 7 als im 2 vs. 2 oder 3 vs. 3 gepasst. Eine einfache Erklärung hierfür sind die vier bis fünf mehr Mitspieler*innen als potenzielle Anspielstationen. Aber um es noch einmal zu verdeutlichen: Hauptaugenmerk der neuen Wettbewerbsformen liegt auf dem Tore erzielen und dem Dribbling.

Das dritte Projekt hat sich zum Ziel gesetzt, die Erkenntnisse aus den Pilotphasen eins (Torhöhenreduzierung) und zwei (neue Wettbewerbsformen) zusammenzuführen und zu kombinieren. Dafür wurden im Herbst 2020 mehrere Turniere in Köln organisiert, gefilmt und ausgewertet. Den genauen Ablaufplan beschreibt Tab. 6.2.

Bisher wurden im 7 vs. 7 unterschiedliche Parameter mit und ohne Torhöhenreduzierung und anschließend die Kleinspielfelder mit geringeren Spieler*innen-Anzahlen auf Mini-Tore mit dem ‚normalen' 7 vs. 7 auf Jugend-Tore verglichen. Im Herbst 2020 wurden nun die höhenreduzierten Jugend-Tore auf die Kleinspielfelder integriert und die entsprechenden Parameter u. a. wieder mit dem 7 vs. 7 auf Unterschiede untersucht.

Abb. 6.12 zeigt signifikante Unterschiede zwischen den Spielformen in der U9 und in der U10. In der U9 traten signifikant mehr ausgeführte Dribblings in der 3 vs. 3-Spielform auf vier Mini-Tore, im Vergleich zu den drei weiteren Spielformen hervor, während in der U10 lediglich signifikant mehr Dribblings pro Minute in der 4 vs. 4-Spielform, im Vergleich zu der 6 + 1 vs. 6 + 1-Spielform auf 2-m-Tore zu sehen war.

Tab. 6.2 Rahmenbedingungen der sechs Spieltage im Herbst 2020 in Köln. (Schwab & Bergmann, im Druck)

	U9 ($N = 67$ Spiele)	U10 ($N = 57$ Spiele)
Spielform	3 vs. 3 auf 4 Mini-Tore 3 + 1 vs. 3 + 1 auf 2 verkleinerte Tore (1,80 m × 3 m) 3 + 1 vs. 3 + 1 auf 2 höhereduzierte Tore (1,65 m × 5 m.) 6 + 1 vs. 6 + 1 auf 2 höhereduzierte Tore (1,65 m × 5 m)	4 vs. 4 auf 4 Mini-Tore 4 + 1 vs. 4 + 1 auf 2 verkleinerte Tore (1,80 m × 3 m) 4 + 1 vs. 4 + 1 auf 2 höhereduzierte Tore (1,65 m × 5 m) 6 + 1 vs. 6 + 1 auf 2 Jugend-Tore (2 m × 5 m)
Spielfelder	Spielformen 1–3: 28 × 22 m Spielform 4: 40 × 35 m	Spielformen 1–3: 36 × 25 m Spielform 4: 55 × 35 m
Modus	Jeder gegen Jeden (Hin- und Rückrunde)	Jeder gegen Jeden (Hin- und Rückrunde)
Spieldauer	8 × 7 min	8 × 8 min

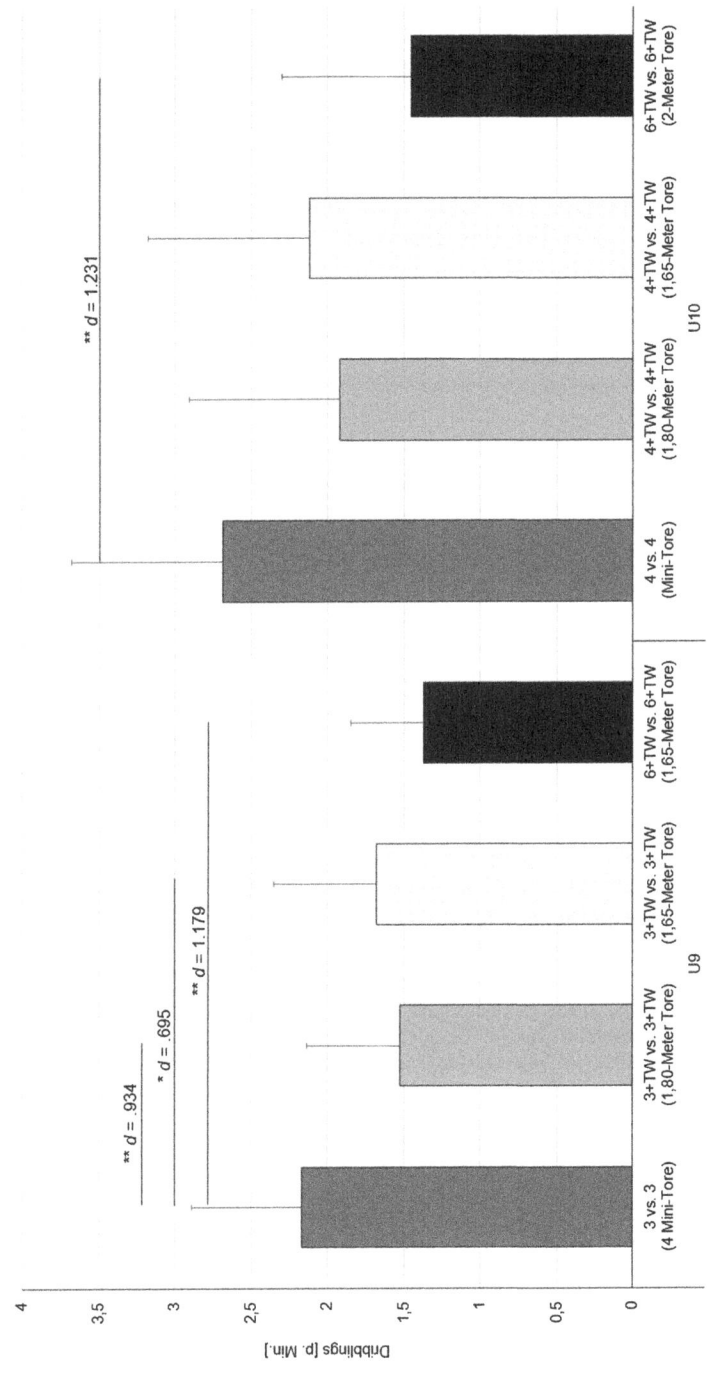

Abb. 6.12 Dribblings pro Spielminute der U9 & U10 in den unterschiedlichen Spielformen. (Schwab & Bergmann, im Druck)

In Bezug auf die Tore pro Minute zeigten sich ebenfalls signifikante Unterschiede in der U9 und in der U10. Die deskriptiven Statistiken der vier untersuchten Spielformen pro Altersstufe sind in Abb. 6.13 dargestellt. In der U9 wurden in der 6+1 vs. 6+1-Spielform signifikant weniger Tore im Vergleich zu den beiden Spielformen auf vier Mini-Tore und auf höhenreduzierte Tore erzielt. In der U10 zeigte die Spielform auf vier Mini-Tore signifikant mehr Treffer im Vergleich zu den drei weiteren Spielformen.

Zusammenfassend lässt sich somit konstatieren, dass in allen Kleinspielfeldformen eine höhere Anzahl an Dribblings sowie erzielter Tore vorzufinden ist und somit die Befunde zum Einsatz von kleinen Spielfeldern übergreifend stützen.

> „Sollte die Ausbildung technischer Fertigkeiten des Dribblings als ein zentrales Ziel eines
> entwicklungsgemäßen Spielkonzepts angesehen werden, so verdeutlichen die Ergebnisse
> den Wert von den neuen Wettbewerbsformen." (Schwab & Bergmann, im Druck)

Die dargestellten Untersuchungen haben hoffentlich einen kleinen Teil dazu beigetragen, Fußballverbände bei der Entwicklung, Durchführung und Organisation entwicklungsgemäßer Wettbewerbssysteme zu unterstützen.

> „Im Allgemeinen bestärken die Befunde die Reformbemühungen des DFB, ein
> entwicklungsgemäßeres Wettbewerbssystem durch ein ‚mitwachsendes' Konzept zu
> realisieren, welches u. a. kleinere Spielfelder und reduzierte Mannschaftsgrößen vor-
> sieht. Ob darüber hinaus eine Torhöhenreduzierung implementiert wird, welche den
> durchschnittlichen Körpergrößen der Kinder Rechnung trägt, gilt es vor dem Hintergrund
> pragmatischer Gesichtspunkte sowie weiterführender Analysen abzuwägen." (Schwab &
> Bergmann, im Druck)

Die Autoren der Studien würden die Torhöhenreduzierung, vor allem im F-Junior*innen-Bereich, als sehr sinnvoll erachten und daher eine Verankerung in den regulären Spielbetrieb begrüßen.

Abschließend gibt Abb. 6.14 noch einmal einen guten, finalen Überblick zur Ausrichtung des zukünftigen Kinderfußballs in Deutschland.

Zu guter Letzt soll noch auf folgendes hingewiesen werden:

> „Im Hinblick auf die Spieltagsorganisation ist anzuführen, dass es bei einem Turnier mit
> vier Feldern grundsätzlich ratsam ist, nicht ausschließlich auf jeweils vier Mini-Tore
> oder zwei zentrale höhenreduzierte Jugendtore zu spielen, sondern die Felder unter-
> schiedlich aufzubauen. Dadurch wechseln nicht nur die Gegner*innen, sondern auch die
> entsprechenden Spielanforderungen aufgrund der Anzahl und Größe der Tore. Dieser
> ständige Wechsel kann einen weiteren Mehrwert für die Spieler*innen darstellen, da viel-
> seitige Spielerfahrungen gesammelt werden." (Schwab & Bergmann, im Druck)

Denn es macht einen großen Unterschied, ob ein*e Spieler*in in Ballbesitz auf ein zentrales Tor oder zwei Mini-Tore angreift und ob er*sie gegen den Ball ein zentrales Tor oder zwei Mini-Tore verteidigen muss. Der Übertrag auf das 11 vs. 11 ist dabei, auf einem ausgeschnittenen Spielfeld (z. B. Mittelfeld) den*die eine*n oder gegebenenfalls die beiden Mitspieler*innen zu suchen und zu finden

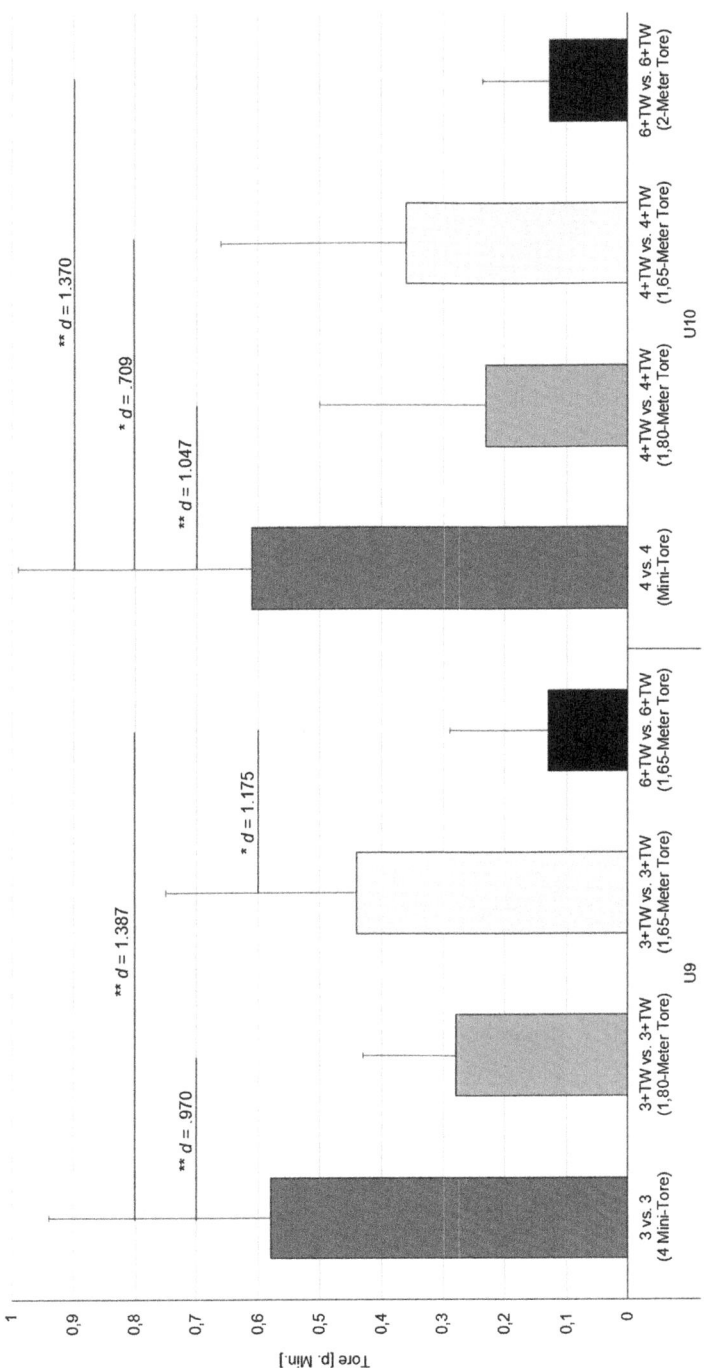

Abb. 6.13 Tore pro Spielminute der U9 & U10 in den untersuchten Spielformen. (Schwab & Bergmann, im Druck)

Abb. 6.14 Überblick der neuen Wettbewerbsformen im Kinderfußball (DFB, 2023, S. 31)

bzw. den*die eine*n oder die beiden generischen Spieler*innen im Rücken zu
decken bzw. die möglichen Pass-Wege zuzustellen.

Dieser reduzierte Auszug an vereinzelten Ergebnissen zu diesem Themen-
bereich *neue Wettbewerbsformen im Kinderfußball* schließt mit Hinweisen für
zukünftige Forschungsvorhaben bzw. weitere Ideen zum Kinderfußball, die
zusätzlich bzw. stärker berücksichtigt werden müssen:

Überblick
- Um mögliche Anpassungseffekte aller Beteiligten (Spieler*innen,
  Trainer*innen, Spieltags-Organisator*innen, Eltern) in den neuen Wettbewerbsformen nachweisen zu können, müssen entsprechende Studien
  über einen viel längeren Zeitraum konzipiert und ausgewertet werden und
  dabei (teil-)automatisierte Verfahren der Auswertung anstelle händischer
  Beobachtungsinstrumente verwendet werden.
- Es sollte sich über zusätzliche, sinnvolle Parameter Gedanken gemacht
  werden, beispielsweise auch über die wahrgenommene Kompetenz und
  Selbstwirksamkeit im Spiel (Garcia-Angulo et al., 2020) sowie über den
  möglichen Zusammenhang zwischen den neuen Spielformen auf die Entwicklung motorischer Fähigkeiten oder fußballspezifischer Kompetenzen.
- Nun muss kleinteiliger und genauer untersucht werden, wie sich die
  erhobenen Parameter möglicherweise verändern, wenn auf ein zentrales
  Mini-Tor, im Vergleich zu zwei Mini-Toren, oder auf eine 6- m-Schuss-
  zone, im Vergleich zur Torerzielung ab der Mittellinie, gespielt wird.
  Darüber hinaus ist es sicherlich lohnend, die aktuellen Feldgrößen zu
  überprüfen bzw. zu hinterfragen, um möglicherweise entsprechende
  Anpassungen vorzunehmen.
- Die Frage, ob prinzipiell häufiger auftretende Spielereignisse (Tore,
  Dribblings, usw.) wirklich mit den wahrgenommenen Erfolgserlebnissen
  gleichzusetzen sind, muss beantwortet werden. Aktuell wird davon aus-
  gegangen, u. a. auch von den beiden Autoren, dass in diesem Zusammen-
  hang ein ‚mehr' wirklich eine Verbesserung der Gesamtsituation im
  Kinderfußball darstellt.
- Die Torhüter*innen, die sicherlich fußballerisch vom Spiel auf die vier
  Mini-Tore gefördert werden und auch beim Einsatz auf ein zentrales
  (höhenreduziertes) Jugendtor ihre torwartspezifischen Fertigkeiten verbessern können, müssen noch mehr in den Fokus der Auswertungen
  rücken und in den Untersuchungen explizit mit bedacht werden.
- In diesem Zusammenhang ist es lohnenswert, sich über den Über-
  gang von der U13 in die U14 aus Sicht der Torhüter*innen Gedanken
  zu machen, wenn vom 2 m × 5 m Jugendtor auf das 2,44 m × 7,32 m
  große Erwachsenentor gewechselt wird. Hier scheint es möglicherweise
  bei einer Vielzahl der Torhüter*innen zu ähnlichem Konfliktpotential,
  vergleichbar mit dem F-Jugendalter, zu kommen. Ist hier womöglich ein
  Übergangs-Tor mit den Maßen 2,20 m × 6 m, wie es in der Sportschule

Hennef vom Fußballverband Mittelrhein genutzt wird, die perfekte Alternative bzw. Lösung?

- Bezüglich sämtlicher Tor- sowie Feldgrößen muss sich in Zukunft damit beschäftigt werden, den Mädchen- und Frauenfußball im Anschluss an den Kinderfußball (ab der U12) zu überdenken. Die physiologischen Unterschiede zwischen Männern und Frauen werden im Fußball nicht berücksichtigt, weder in den Torhöhen noch in den Feldmaßen. Ist dies für die Attraktivität des Frauenfußballs förderlich?

6.2   Futsal, Beachsoccer und Streetsoccer

Der Fußball ist mit all seinen Erscheinungsformen sehr facettenreich und vielfältig. In Deutschland steht der traditionelle Fußballverein mit der Ausrichtung auf Training, Wettkampf und Leistungsorientierung ganz klar im Mittelpunkt. Aber auch der Freizeit- und Breitensport (z. B. Bunte Liga), die immer mehr werdenden Fußballschulen und Soccerhallen sowie die Kooperationen zwischen Fußballvereinen und Schulen über Fußball-AGs tragen dazu bei, dass Fußball nach wie vor noch mit Abstand die Sportart Nummer eins ist. Einen kleinen Beitrag leisten hierfür ebenfalls die Trendsportarten Futsal, Beachsoccer und Streetsoccer, die vor allem in den letzten Jahren ein wenig präsenter wurden, in den Medien mehr Aufmerksamkeit generierten und hier kurz vorgestellt werden sollen.

Futsal ist mittlerweile die offizielle Hallenfußballvariante der FIFA für jedes Geschlecht, jedes Alter und jedem Leistungsstand. Der Ursprung von Futsal stammt aus Uruguay in Südamerika und wird inzwischen in nahezu 100 Ländern von 12 Mio. Spieler*innen weltweit gespielt (Beato et al., 2016). Im Jahre 1930 setzte sich dort ein tätiger Sportlehrer das Ziel, eine altersgerechte Spielform des Fußballs für Kinder unterschiedlichen Alters und unabhängig ihrer fußballerischen Fähigkeiten zu entwickeln, damit diese zusammen spielen und Spaß haben können (Moore et al., 2014). 12 Jahre später hat der südamerikanische Sportlehrerbund Futsal offiziell für den Schulsport empfohlen. Futsal ist besonders beliebt in Ländern wie Brasilien, Argentinien, Uruguay, Spanien, Portugal und Italien. In Deutschland steht die Entwicklung der Sportart allerdings noch vollkommen am Anfang. Lange wurde hierzulande Futsal mit Hallenfußball gleichgesetzt, was jedoch falsch ist. Das erste Länderspiel der deutschen Futsal-Nationalmannschaft fand am 30. Oktober 2016 statt. Inzwischen wird Futsal auch vom DFB und seinen Landesverbänden gefördert und die deutsche Futsal-Meisterschaft (bis 2014 noch DFB-Futsal-Cup) wird seit 2006 vom DFB ausgerichtet und durchgeführt. Seit der Saison 2021/22 wurde die deutschlandweite Futsal-Bundesliga eingeführt, um die Sportart in Deutschland weiter zu professionalisieren und international konkurrenzfähig zu machen.

Futsal hat versucht, gut funktionierende, sinnvolle Regeln aus anderen Sportarten zu übernehmen und entsprechend anzupassen. Futsal wird somit ohne Bande
auf einem Handballfeld (42 × 25 m) auf 3 × 2 m große Tore im 4 + 1 vs. 4 + 1
mit unbegrenzten Wechselmöglichkeiten in einer dafür vorgesehenen Zone
gespielt. Die Spielzeit beträgt 2 × 20 min netto mit einer 15-minütigen Halbzeit-
pause, sodass Spiele zwischen 75 und 100 min Gesamtzeit andauern können,
da bei jeder Spielunterbrechung die Zeit durch einen Offiziellen angehalten
wird (Spyrou et al., 2020). Pro Halbzeit steht beiden Mannschaften jeweils eine
einminütige Auszeit zu, die nur bei Spielunterbrechungen bei eigenem Ballbesitz genutzt werden darf. Der Ball ist kleiner (Größe 4), druckvermindert und
daher sprungreduziert. Der Ball hat die Eigenschaft, wenn er auf Brusthöhe
fallen gelassen wird, nicht über Kniehöhe zu springen, im Vergleich zu einem
herkömmlichen (Hallen-) Fußball. Nach einem Seitenaus wird der Ball nicht ein-
gerollt, sondern eingekickt. Dieser Einkick muss ab dem Zeitpunkt, an dem der
Schiedsrichter den Ball freigibt, innerhalb von maximal vier Sekunden ausgeführt
werden. Dies gilt übrigens für alle Spielfortsetzungen wie Abwurf des*der Torhüters*Torhüterin, Eckstoß sowie Straf- und Freistöße. Beim Futsal gibt es eine
kumulierte Mannschaftsfoul-Regel. Das bedeutet, dass alle direkten Freistöße pro
Mannschaft zusammengezählt werden und ab dem fünften und jedem weiteren
Foulspiel innerhalb einer Halbzeit einen direkten Freistoß für den Gegner vom
Zehn-Meter-Strafstoßpunkt zur Folge hat. Bei der Ausführung darf keine Mauer
gestellt werden und der*die Schütze*Schützin muss auf direktem Weg versuchen,
ein Tor zu erzielen. Ein Strafstoß wird in diesem Fall aus sechs Metern Torent-
fernung ausgeführt. Eine besondere Regelauslegung gilt im Futsal für den*die
Torhüter*in. Diese*r darf den Ball in der eigenen Spielfeldhälfte, somit auch im
eigenen Strafraum, nach einem absichtlichen Zuspiel eines*einer Mitspielers*Mit-
spielerin nur dann ein zweites Mal berühren, wenn zwischenzeitlich ein*e Gegenspieler*in den Ball berührt oder gespielt hat. Befindet sich der*die Torhüter*in in
der gegnerischen Spielfeldhälfte, entfällt diese Regel und er*sie kann somit als
fünfte*r Feldspieler*in agieren. Ein aktives Mitspielen des*der Torhüters*in ohne
diese Sonderregel wird dadurch komplett unterbunden, was aus Torhüter*innen-
Sicht durchaus kritisch angemerkt werden kann. Der*Die Trainer*in möchte
‚draußen' wahrscheinlich eher eine*n mitspielende*n Torhüter*in, während beim
Futsal das alleinige Merkmal auf dem Tore verhindern liegt. Futsal möchte nun
mal ein schnelles, attraktives Spiel im 4 vs. 4 der Feldspieler*innen forcieren und
nicht die Möglichkeit anbieten, über ständige Rückpässe zum*zur Torhüter*in
einen knappen Vorsprung über die Zeit zu retten (DFB, 2021; FIFA, 2016).

Wie können die aufgezeigten Vorteile des Futsals nun genutzt werden? Ein
mögliches Beispiel zeigt die folgende Studie. Heim et al. (2013) untersuchten
den Nutzen von Futsalbällen im Vergleich zu gewöhnlichen Hallen-Fußbällen im
Sportunterricht. 423 Fünftklässler*innen testeten die unterschiedlichen Bälle hin-
sichtlich ihrer technischen Fertigkeiten und dem Spielbewusstsein. Mithilfe des
Gebrauchs der Futsalbälle verbesserten die Schüler*innen signifikant schneller
ihre Balkontrolle, vor allem bei springenden Bällen. Darüber hinaus erhöhten

sich die Ballkontakte jedes*r Spielers*Spielerin und nebenher verbesserte sich dadurch das Angriffsspiel. Die Eigenschaften des Futsalballs können daher hervorragend im Anfängerbereich genutzt werden, da er vor allem technische Fehler bei der Ballannahme verzeiht, somit viel eher ein Fußballspiel zustande kommt und Kinder durch den kaum springenden Ball die Angst vor diesem eher verlieren.

Die Anfänge im Beachsoccer datieren wohl aus dem Ende des 19. Jahrhunderts in den Küstenregionen Brasiliens, wo europäische Seeleute die Landgänge dazu nutzten, um im Sand Fußball zu spielen. Die ersten Beachsoccer-Turniere fanden dann 1957 an den Stränden Brasiliens statt. Seit dieser Zeit gibt es regelmäßig Profiturniere, u. a. auch die Weltmeisterschaft, die seit dem Jahre 2005 als offizielle FIFA Beachsoccer WM ausgetragen wird und mittlerweile mit bis zu 20.000 Zuschauer*innen großen Anklang findet. Dies liegt vor allem an der spektakulären Spielweise dieser Sportart und der hohen Dichte an trickreichen Einzelaktionen (Fallrückzieher, Seitfallzieher, Flugkopfbälle, Volleyschüsse, usw.) im Vergleich zum herkömmlichen Fußball. Rekord-Champion im Beachsoccer ist, wenig überraschend, Brasilien. In Deutschland fühlt sich seit 2013 der DFB für den jährlichen DFB-Beachsoccer-Cup bzw. seit 2015 für die Deutsche Beachsoccer-Meisterschaft verantwortlich.

Beachsoccer wird barfuß mit möglichen, zusätzlichen, elastischen Fußbandagen im Sand auf einem 35–37 m langen und 26–28 m breiten Feld im 4 + 1 vs. 4 + 1 gespielt. Die Spielzeit beträgt dabei drei Mal 12 min netto mit jeweils drei Minuten Pause zwischen den Dritteln und die unbegrenzten Auswechslungen finden in den dafür vorgesehenen Zonen fließend statt (FIFA, 2022).

Übrigens: Die Netto-Spielzeit eines 90-minütigen Bundesliga – Spiels in Deutschland der Saison 18–19 betrug durchschnittlich 57,45 min ($SD = 4,31$), mit einem Minimum von 47,00 min und einem Maximum von 70,58 min (Altmann et al., 2023).

Daran lässt sich erkennen, dass Beachsoccer eine intermittierende Sportart mit einer wesentlich höheren Intensität, im Vergleich zu anderen Mannschaftssportarten ist. Der sandige Untergrund trägt dazu bei, dass mehr als die Hälfte der Spielzeit mit Intensitäten von über 90 % der maximalen Herzfrequenz absolviert werden. Dabei werden pro Minute ca. 100 m pro Spieler*in im Schnitt zurückgelegt (Castellano & Casamichana, 2010).

Freistöße, bei denen keine gegnerische Mauer gebildet werden darf, müssen von dem*der gefoulten Spieler*in selbst ausgeführt werden. In der gegnerischen Hälfte müssen sich dabei, abgesehen von dem*der gegnerischen Torhüter*in, alle weiteren Spieler*innen hinter dem Ball befinden. Um das Spiel schnell zu halten, gilt die sogenannte Vier-Sekunden-Regel bei sämtlichen Standards (Ecken, Einwürfe, Freistöße und Abwürfe); innerhalb dieser Zeit muss der Ball wieder ins Spiel gebracht werden. Es wird mit einer abgewandelten Rückpassregel gespielt, die es einmal pro Ballbesitzphase erlaubt, den*die eigene*n Torhüter*in anzuspielen, sodass diese*r den Ball mit der Hand aufnehmen darf. Das Tor ist 2,20 m hoch und 5,50 m breit, pendelt sich somit zwischen einem Jugend- und Erwachsenen-Tor ein (FIFA, 2022).

Streetsoccer bzw. Straßenfußball ist eine besondere Variation des Fußballspielens, die zudem als eigene Sportart angesehen werden kann und vor allem bei Kindern und Jugendlichen sehr beliebt ist. Streetsoccer wird dabei auf jedwedem Untergrund gespielt, der den Spieler*innen zur Verfügung steht, meistens auf öffentlichen Straßenplätzen aus Beton, Parkplätzen oder Schulhöfen. Vor allem in den ärmeren Regionen Afrikas und Südamerikas ist der Straßenfußball auch heutzutage noch sehr beliebt und einige Spieler*innen (Neymar Jr., Vinicius Jr., Gabriel Jesus, usw.) verdanken ihm ihre heutige Welt-Karriere. Die wahrscheinlich bekanntesten Hot Spots des Straßenfußballs sind die kleinen Plätze in den Favelas Brasiliens, auf denen mit Sicherheit schon einige Talente entdeckt wurden. Die Bälle variieren von Selbstgebasteltem aus einfachsten Stoffen und Lederresten bis hin zu jeder erdenklichen Art von Bällen (Tennisbälle, Volleybälle, Fußbälle, Plastikbälle, Gummibälle, usw.). Die Tore werden durch Markierungen an den Wänden, auf dem Boden oder durch selbst platzierte Torpfosten (Schulranzen, Taschen, Jacken, Flaschen, usw.) festgelegt. Somit kann Streetsoccer in jeder Region der Welt praktiziert werden und gehört daher wohl zu den beliebtesten Sportarten weltweit, ohne aber eine offiziell anerkannte Sportart zu sein.

Die Regeln im Streetsoccer werden durch die Spieler*innen selbst bestimmt, da es keine Schiedsrichter*innen gibt. Es kommt vor allem auf die individuellen, spielerischen Fähigkeiten und das Durchsetzungsvermögen an. Bei offiziellen Streetsoccer-Turnieren wird meistens 4 vs. 4 mit 4 Auswechselspieler*innen, die beliebig oft ein- und ausgewechselt werden dürfen, gespielt. Das Spielfeld hat eine Größe von 15 × 10 m oder 30 × 15 m, die Tore, die häufig in die Bande integriert werden, sind ca. so groß wie im Eishockey (1,83 × 1,22 m) und die Spieldauer beläuft sich meistens auf 10–15 min. Fouls werden von den Spieler*innen selbst angesagt, was eine*n Schiedsrichter*in überflüssig macht, zumal es deutlich weniger Regeln als beim herkömmlichen Fußball gibt. Während derartiger Turniere werden die Spiele im Zuge eines ganzheitlichen Events häufig von lauter, motivierender Musik und inspirierenden Rhythmen begleitet (DFB, unbekannt).

Im Streetsoccer selbst haben sich über die Jahre unterschiedliche Varianten etabliert.

Beim *Panna KO* geht es darum, im 1 vs. 1 seine*n Gegenspieler*in zu tunneln und anschließend weiterhin in Ballbesitz zu bleiben, um das Spiel zu gewinnen.

Fußballtennis, das mit einer beliebigen Anzahl an Spieler*innen durchgeführt werden kann, kann in Anlehnung an Volleyball und Tennis so instruiert werden, dass jede*r Spieler*in nur maximal einen Kontakt hat, der Ball dabei mit spätestens dem dritten Kontakt innerhalb der eigenen Mannschaft in das gegnerische Feld gespielt werden muss und er maximal einmal im eigenen Feld auf dem Boden aufkommen darf. Das Netz ist dabei eine Zauberschnur, Bierbank, Tennisnetz, usw. oder wird durch einen breiten ‚Wassergraben' zwischen den Feldern ersetzt, der nicht betreten werden darf.

Beim Turnier *Neymar's Five* treten immer fünf Spieler*innen pro Mannschaft gegeneinander an. Das Besondere ist, dass bei jedem selbst geschossenen Tor die gegnerische Mannschaft eine*n Spieler*in verliert. Gespielt wird entweder solange, bis die Spielzeit von zehn Minuten abgelaufen ist oder eine Mannschaft keine*n Spieler*in mehr auf dem Feld zur Verfügung hat. Das Spielfeld ist auch hier durch eine Bande begrenzt und die Tore sind eher klein, da die Spieler*innen sich auf ihre technischen Fertigkeiten verlassen und durch kreative Einfälle das Tor erzielen und nicht nur von weitem auf das Tor schießen sollen.

Die Liste weiterer Formen des Straßenfußballs ist wahrscheinlich endlos und geht vom *Hochhalten* bzw. *Keep up* über *Luft-König* bzw. *Hoch-Eins* und *King of the ring* bis hin zum *Königsschießen* bzw. *Wandschießen,* usw. Der Kreativität und Fantasie der Spieler*innen sind hier keine Grenzen gesetzt und neue Kreationen entstehen immer im Einklang mit den vorherrschenden (Umwelt-) Bedingungen, dem Ideenreichtum und dem Mut, Neues auszuprobieren.

Im Jahre 2006, im Zuge der Fußball-Heim-Weltmeisterschaft, fand die erste Streetsoccer-WM in Berlin statt, die das Projekt *Mathare Youth Sports Association* aus einem Slum in Nairobi, Kenia, gewann. Im gleichen Jahr wurden die deutschen Meisterschaften im Straßenfußball ins Leben gerufen. Hier sollen vor allem sozial Benachteiligte aus den unteren Gesellschaftsschichten durch das Turnier in den Fokus der Öffentlichkeit gelangen. Drei Jahre zuvor wurde bereits die erste Straßenfußball-WM für Obdachlose unter dem Namen Homeless World Cup ausgerichtet, die nach wie vor noch mit immer wechselnden Standorten fortgeführt wird. Eine Untersuchung von Randers und Kollegen aus dem Jahre 2012 fand beispielsweise heraus, dass aufgrund der hohen Intensität, Streetsoccer als effektive Trainingsform für männliche Obdachlose genutzt werden kann, um die körperliche Gesundheit und den Gesundheitszustand des Herzkreislauf-Systems zu fördern und zu unterstützen. Für weibliche Obdachlose konnte festgestellt werden, dass Streetsoccer ebenfalls eine passende Trainingsintervention sein könnte, da es eine erhöhte Herzfrequenz der Probandinnen nach sich zog (Randers et al., 2018).

Streetsoccer als Sportart findet von vielen Sportler*innen (Jerome Boateng) und Trainer*innen (Joachim Löw), aber auch Persönlichkeiten neben dem Sport (Gerhard Schröder), eine große Unterstützung, da es hier um das Wesentliche geht: den ehrlichen Fußball an sich. Insgesamt nimmt der Straßenfußball für viele Menschen, vor allem für viele Kinder, eine sehr wichtige Rolle ein, da es häufig der Einstieg in das Fußballspielen ist. Es wird eine sehr kreative Spielidee entwickelt und es werden Fähigkeiten und Fertigkeiten gefördert und entwickelt, die in normalen Fußballvereinen nur sehr schwer zu erreichen sind. Daher ist der Straßenfußball essentiell für jede*n Spieler*in und bringt auch gesellschaftliche Schichten zusammen.

6.3   Ein internationaler Vergleich

Der Fußball und seine Spielformen lassen sich im Erwachsenenfußball bis auf wenige, zu vernachlässigende Ausnahmen auf die Formation des 11 vs. 11 herunterbrechen (siehe Kap. 5).

Anders verhält es sich dagegen mit den Spiel- und Wettkampfformen im Kinder- und Jugendbereich. In den vergangenen Jahrzehnten haben sich die Wettkampfformate länder- und kulturübergreifend in teils unterschiedliche, teils jedoch auch sehr ähnliche Richtungen entwickelt. Maßgebend für die Umsetzung der unterschiedlichen Formate sind die National- und Landesverbände.

Ein kollektives Umdenken und die Öffnung der Verbände hin zu wissenschaftlichen Herangehensweisen an die Fußball-Vermittlung haben dazu geführt, dass sich unterschiedliche Modelle des Ursprungs-Formats 11 vs. 11 für den Kinder- und Jugendfußball entwickelt haben. Ständig neue Zahlenverhältnisse, Spielfeldgrößen und Torvarianten finden Einzug in den Nachwuchsfußball. Sie sorgen für unterschiedliche Wettkampflandschaften, selbst wenn es ähnliche Fußballkulturen zwischen zwei Ländern gibt.

Wie schon in Kap. 3 ausgeführt, ist sowohl die Bedeutung der Spielintelligenz als auch der Spielkreativität im Fußball gestiegen und kognitive Fähigkeiten werden zunehmend als potenzielle Leistungsfaktoren betrachtet. Daher sollten junge Spieler*innen nicht nur technische Fertigkeiten und taktische Fähigkeiten erlernen, sondern auch ihre kognitiven Fähigkeiten trainieren, um ihr volles Potenzial auszuschöpfen. Traditionelle Trainingsmethoden, die isolierte Übungen mit mehrfachen Wiederholungen beinhalten, sind weniger effektiv als spielnahe Trainingsbedingungen. Der *Constraints-Led Approach* (Körner & Staller, 2020) ist beispielsweise ein pädagogisches Instrument, das Spieler*innen ermöglicht, durch selbstständiges Denken und Handeln taktische und technische Kenntnisse sowie spielnahe Erfahrungen zu sammeln. Das Coaching sollte den Spieler*innen Raum für implizites Lernen lassen, um ihre Entscheidungsfähigkeit zu trainieren.

> „Implizites Lernen beruht auf der Fähigkeit zum Wissenserwerb, ohne Kenntnis darüber, wie dieses Wissen erlangt wurde." (Weigelt et al., 2020, S. 48)

Es wird als ein unabsichtlicher Erwerb von Wissen und Fertigkeiten verstanden. Dabei findet das Lernen ohne Beteiligung des Bewusstseins statt (Rieder et al., 1983). Ein klassisches Beispiel hierfür ist das Erlernen der Muttersprache. Hier wird eine der größten Lernleistungen im Leben eines jeden Menschen ohne Regelbewusstsein in die Wege geleitet. Und genau dieses unbewusste Lernen ist vor allem für Kinder sehr wertvoll. In der Vergangenheit haben sich daher einige Forschungsgruppen mit dieser Thematik auseinandergesetzt (vgl. Weigelt et al., 2020). Taktische Regeln im Fußball sollten u. a. genau deswegen grundsätzlich implizit erworben werden. Die effektive Reihung beim taktischen Regellernen lautet somit: Implizites vor explizites Lehren. Implizites Lernen bedeutet in diesem Falle, dass Trainer*innen lediglich die Aufgabenbeschreibung kundtun, allerdings nicht bereits die beste Lösung vorab verraten.

Dagegen handelt es sich beim expliziten Lernen um Lernprozesse, die in der Regel bewusst wahrgenommen und häufig von außen vorgegeben werden. Erkenntnisse werden aus Regeln und Vorschriften gewonnen. Konkrete Instruktionen und Anweisungen der Trainer*innen führen dann zu einem bewussten Lernen.

Wie aber sieht es in der Praxis in verschiedenen europäischen Fußballnationen aus? Welche Wettkampfformen werden den entsprechenden Empfehlungen abgeleitet? Lässt sich die Erkenntnis, dass spanische und portugiesische Mannschaften mehr Zeit mit Trainingsformen, die dem aktiven Entscheidungshandeln zuzuordnen sind, als deutsche oder englische Mannschaften (Roca & Ford, 2020) auch auf die dort praktizierten Wettkampfformen übertragen?

Im Folgenden werden kurz und knapp exemplarisch mehrere Länder für einen nicht ganz vollständigen Vergleich herangezogen. Sie skizzieren die Unterschiedlichkeit der National- und Landesverbände in Bezug auf den Nachwuchsfußball und seine Wettkampfformate.

Die Schweiz fördert trotz ihrer kleinen Einwohnerzahl eine beachtliche Anzahl an Talenten. Ein möglicher Grund für die konstante Entwicklung von jungen Spieler*innen ist das flexible und sich an wissenschaftlichen Studien orientierende Wettkampfsystem. Eine der neuesten Änderungen ist die Initiative *Play more Football,* die seit dem Frühjahr 2023 in den Altersbereichen U6–U11 landesweit umgesetzt wird. Die Mannschaftsgrößen können vom 2 vs. 2 bis zum 6 vs. 6 genauso, wie ein Wechsel vom Kleinfeld mit vier Mini-Toren auf das Großfeld mit zwei großen Toren variiert werden. In den älteren Jahrgängen greift die Schweiz wie viele andere Nationen auf das 11 vs. 11 zurück.

Der österreichische Fußball orientiert sich ebenfalls an den Empfehlungen, kleine Mannschaftsgrößen mit adäquaten Feldgrößen zu kombinieren. Als Konsequenz wird im Kinderfußball auf das 2 vs. 2 und 3 vs. 3 gesetzt. Der Jugendfußball wird vom 5 vs. 5 bis zum 9 vs. 9 ebenfalls flexibel gestaltet. Im Großfeldbereich bildet das 11 vs. 11 den Standard.

Norwegen feiert in vielen Sportarten überdurchschnittliche Erfolge in Relation zur Einwohnerzahl. Dabei greift Norwegen im Gegensatz zu anderen Nationen auf eine einmalige Politik im Kinder- und Jugendsport zurück. Diese Politik und die daraus angewandten Regeln lassen sich anhand folgender Beispiele gut darstellen:

- Bis zum 13. Lebensjahr gibt es keine nationalen Wettbewerbe.
- Regionale Wettbewerbe werden erst ab dem 11. Lebensjahr erlaubt.
- Ganz generell gibt es keine Veröffentlichung von Ergebnissen oder Rankings im Kindersport.

Das sind nur drei von einer ganzen Reihe von Maßnahmen, die Norwegen im Kinder- und Jugendsport umsetzt. Auf den Fußball bezogen sehen sich Spieler*innen im Kinderbereich von einem 3 vs. 3 bis hin zu einem 5 vs. 5 konfrontiert. Im Jugendbereich wird bis zum 13. Lebensjahr im 7 vs. 7 oder 9 vs. 9 gespielt. Ab dem 14. Lebensjahr spielen norwegische Fußballer*innen dann im 11 vs. 11.

Island war 2018 in Russland das kleinste Land, das jemals an einer FIFA Fußball-WM teilnahm. Welche Auswirkungen haben die geringe Bevölkerungszahl und die Isolation als Insel auf das Wettkampfformat im Kinder- und Jugendfußball? Auf den ersten Blick gar keine. Wie in vielen anderen Nationen wird auch dort im Kinderbereich im 5 vs. 5 gespielt. Im Übergangsbereich wird auf ein 8 vs. 8 zurückgegriffen. Ab dem 14. Lebensjahr spielen die Fußballer*innen dann ebenfalls im 11 vs. 11.

Anhand dieser vier Beispiele lässt sich gut erkennen, dass sich die neuen Wettbewerbsformen in Deutschland stark in das europäische Gesamtbild im Kinderfußball integrieren lassen und der eingeschlagene Weg somit der richtige zu sein scheint.

Literatur

Beato, M., Coratella, G., & Schena, F. (2016). Brief review of the state of art in futsal. *The Journal of Sports Medicine and Physical Fitness, 56*(4), 428–432.

DFB (2021, 01. Juli). *Futsal: Das sind die wichtigsten Regeln.* . https://www.dfb.de/news/detail/futsal-das-sind-die-wichtigsten-regeln-50601/

DFB (2022, 11. März). *Bundestag bestätigt: Neue Spielformen im Kinderfußball ab 2024.* https://www.dfb.de/news/detail/bundestag-bestaetigt-neue-spielformen-im-kinderfussball-ab-2024-237711/

DFB (2023, 05. Januar). *Kinderfußball – Leitfaden für die Implementierung neuer Wettbewerbsformen in den Altersklassen U6-U11 (G- bis E-Jugend).* https://www.dfb.de/neue-spiel-formen-im-kinderfussball/

Castellano, J., & Casamichana, D. (2010). Heart Rate and Motion Analysis by GPS in Beach Soccer. *Journal of sports science & medicine, 9*(1), 98–103.

FIFA (2016, 08. September). *Crashkurs Futsal-Regeln.* https://www.fifa.com/de/news/crashkurs-futsal-regeln-2831096

Heim, C., Frick, U., & Prohl, R. (2013). Akuteffekte des Einsatzes von Futsalbällen beim Fußballspielen im Sportunterricht. *Sportwissenschaft, 43*(1), 47–55.

FIFA (2022, 01. November). *BEACH-SOCCER-Spielregeln 2022/23.* https://www.dfb.de/fileadmin/_dfbdam/275516-Beach_Soccer_Laws_of_the_Game_2022-2023_DE.pdf

Körner, S., & Staller, M. (2020). Begrenzen für mehr Freiheit: Der Constraints-Led-Approach als trainingspädagogische Perspektive auf das Design von Lehr-Lern-Settings in- und außerhalb des Sports. In Vogt, T. (Hrsg.), *Vermittlungskompetenz in Sport, Spiel und Bewegung: Sportartspezifische Perspektiven* (1. Aufl., S. 276–298). Meyer & Meyer.

Limpens, V., Buszard, T., Shoemaker, E., Savelsbergh, G. J. P., & Reid, M. (2018). Scaling constraints in junior tennis: The influence of net height on skilled players' match-play performance. *Research Quarterly for Exercise and Sport, 89*(1), 1–10. https://doi.org/10.1080/02701367.2017.1413230

Lex, H., Simon, M., & Schwab, S. (2021). Insights into the application of soccer-specific actions in established and new game forms of youth soccer. *German Journal of Exercise and Sport Research, 52,* 168–172. https://doi.org/10.1007/s12662-021-00748-0

Moore, R., Bullough, S., Goldsmith, S., & Edmondson, L. (2014). A systematic review of futsal literature. *American Journal of Sports Science and Medicine, 2*(3), 108–116.

Randers, M. B., Marschall, J., Nielsen, T.-T., Møller, A., Zebis, M. K., & Krustrup, P. (2018). Heart rate and movement pattern in street soccer for homeless women. *German Journal of Exercise and Sport Research: Sportwissenschaft, 48*(2), 211–217. https://doi.org/10.1007/s12662-018-0503-6

Roca, A., & Ford, P. R. (2020). Decision-making practice during coaching sessions in elite youth football across European countries. *Science and Medicine in Football, 4,* 263–268.

Robert Koch Institut (2013). *Referenzperzentile für anthropometrische Maßzahlen und Blutdruck aus der Studie zur Gesundheit von Kindern und Jugendlichen in Deutschland (KiGGS). 2. erw. Aufl.* Robert Koch Institut.

Rieder, H., Bös, K., Reischle, K., & Mechling, H. (1983). *Motorik und Bewegungsforschung: Ein Beitrag zum Lernen im Sport; Bericht über das Internationale Symposium Heidelberg vom 14. bis 17. September 1982* (1. Aufl.). Hofmann.

Schwab, S., & Bergmann, F. (im Druck). Das reformierte Wettbewerbssystem im deutschen Kinderfußball: Empirische Befunde und deren Implikationen für eine entwicklungsgemäße Spielkonzeption. In Greve, S., Süßenbach, J., & Schiemann, S. (Hrsg.), *Diversität im Sportspiel* (Schriften der Deutschen Vereinigung für Sportwissenschaft). Hamburg: Feldhaus, Edition Czwalina.

Spyrou, K., Freitas, T. T., Marín-Cascales, E., & Alcaraz, P. E. (2020). Physical and physiological match-play demands and player characteristics in futsal: A systematic review. *Frontiers in Psychology, 11.* https://doi.org/10.3389/fpsyg.2020.569897

Weigelt, M., Krause, D., & Güldenpenning, I. (2020). Lernen und Gedächtnis im Sport. In J. Schüler, M. Wegner, & H. Plessner (Hrsg.), *Sportpsychologie: Grundlagen und Anwendung* (1. Aufl., S. 43–68). Springer.

Teil III
Spiel- und Übungsformen

Einführung zu Spiel- und Übungsformen im Fußball

7

Eine Übung ist dadurch gekennzeichnet, dass bestimmte Fertigkeiten sowie Fähigkeiten immer wieder isoliert trainiert und widerholt werden, um das eigene Können zu erwerben, zu bewahren oder zu steigern. Bei einer Übung gibt es einen klar definierten Beginn und ein klar definiertes Ende. Der Vorteil ist der meistens überschaubare Ordnungsrahmen und die Möglichkeit, beispielsweise Kindern beim Passen in der Gassenform technische Hilfestellungen zur korrekten Technik des Innenseitstoßes (Sprunggelenk ‚fest' machen) zu geben.

Das ist aber auch gleichzeitig das Problem! Muss ein Kind denn den perfekten Innenseitstoß beherrschen? Wie sieht dieser eigentlich aus?

Ein weiteres Problem ist, dass beispielgebend in der Fußball-Ausbildung im universitären Kontext, zwar Studierende zu möglichen *Passmmonstern* ausgebildet werden können, wenn in jeder der 15 Praxis-Einheiten eines Semesters für zehn Minuten diese besagte Passübung durchgeführt wird, allerdings nur auf zehn Meter gerade aus, aus dem Stand, mit ‚tot' gestopptem Ball, auf einen fixen Mitspieler und ohne Zeit- und Gegnerdruck. Somit lernen Studierende all das, was sie später im freien Spiel so nicht mehr vorfinden. Dort variieren Passdistanzen, Bälle müssen aus der Bewegung gepasst werden und es muss dem Gegnerdruck standgehalten werden.

Getreu den beiden Mottos „Spielen vor Üben" und „Spielen lernt man am besten durch Spielen", ist vor allem im Kinder- und Jugendfußball, aber auch im Erwachsenenfußball, eindeutig die Spiel- den Übungsformen vorzuziehen, um eine allgemeine Spielfähigkeit zu erlangen. Ein Konzept, aus das in diesem Zusammenhang hingewiesen werden soll, ist die integrative Sportspielvermittlung (Memmert & Schwab, 2013).

Eine Spielform im Fußball ist häufig ein Ausschnitt des großen Spiels, bei dem wettkampfnah und mit viel Spaß die leistungsbestimmenden Faktoren im Fußball erlernt und verbessert werden. Sie ist ‚endlos', besitzt keinen festen Start- und Endpunkt und ermöglicht den Spieler*innen Handlungsentscheidungen

S. Schwab und J. Balle, *Fußball – Das Praxisbuch für Training, Studium, Schule und Freizeitsport,* Sportpraxis, https://doi.org/10.1007/978-3-662-67984-5_7

selbst zu wählen. Ein wichtiges Kernelement, im Vergleich zu einer Übungsform, ist dabei ein oder mehrere Tor(e) zu verteidigen und auf ein oder mehrere
Tor(e) anzugreifen, was durch den vorhandenen Gegner- und Zeitdruck dadurch
viel spielnäher ist und somit auch der eigentlichen Spielidee näher kommt. Der
Wettkampfcharakter ist dabei allerdings kein Alleinstellungsmerkmal des Spiels,
da auch Übungsformen unter Wettkampfbedingungen (z. B. Staffeln) stattfinden
können, was dadurch häufiger zu Verwechslungen der beiden Begrifflichkeiten
führen kann.

Eine strikte Trennung zwischen Spiel- und Übungsformen ist häufig gar nicht
so einfach und aus Trainer*innen-Sicht auch nicht entscheidend. Es sollte darauf
geachtet werden, Übungsformen möglichst ebenfalls spiel- bzw. wettkampfnah zu gestalten, da es im Trainingsprozess auch manchmal wichtig oder sogar
unumgänglich ist, passende Übungsformen einzubauen. Um einer begrifflichen
Verwechslung vorzubeugen, ist es wohl am besten, von Trainingsformen zu
sprechen.

Um nun konkret Spiel- und Übungsformen adäquat, interessant und
abwechslungsreich zu gestalten, hat ein*e Trainer*in folgende, verschiedene
Steuerungsmöglichkeiten (Abb. 7.1), die in vielen Trainingsformen im folgenden
Praxisteil angewendet werden können:

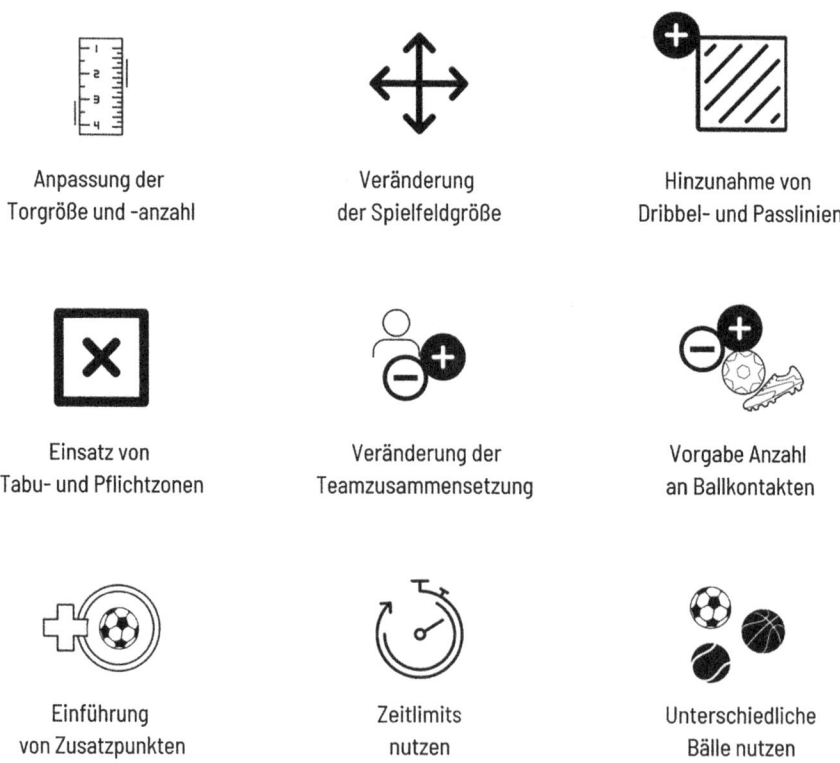

Abb. 7.1 Allgemeine Steuerungsmöglichkeiten unterschiedlicher Trainingsformen

Einordnung des Praxisteils

> „Grau is' im Leben alle Theorie – aber entscheidend is' auf'm Platz." (BVB, 2011)

In der Theorie lässt sich viel über Modelle, Strukturen und Systeme rund um den Fußball schreiben und diskutieren. Am Ende ist es für Studierende, Trainer*innen, Lehrer*innen und Freizeitsportler*innen aber entscheidend, das Wissen auf den Platz zu bekommen, was auch bereits die BVB-Legende Adi Preißler mit seinem vorherigen Zitat hervorhob.

In diesem Kapitel bieten wir 49 Spiel- und Übungsformen für das Training an. Wir erheben mit diesen Formen keinen Anspruch auf Vollständigkeit. Der Fußball ist in all seinen Facetten und Ausprägungen zu groß und abwechslungsreich, um ihn allumfassend darzustellen.

Die Autoren haben versucht eine Auswahl an unterschiedlichen Übungstypen und Spielformen, wie in den vorherigen Kapiteln diskutiert, darzulegen.

Das Ziel eines*einer Trainers*Trainerin sollte es daher sein, sich sein*ihr eigenes Repertoire an Übungen und Spielformen zuzulegen. Dabei ist der Blick über den Tellerrand oder besser gesagt auf das Nachbarfeld absolut gewünscht. Das Fußballtraining muss nicht von jedem*jeder Trainer*in neu erfunden werden. Übungen, Abläufe und Coaching-Punkte, die einem bei anderen Trainer*innen gut gefallen, können und sollten beim Training angewendet werden. So schärft sich mit der Zeit das eigene Profil als Trainer*in und die Qualität im Training steigt.

Die Autoren haben eine Unterteilung des Fußballspiels in vier Bereiche vorgenommen. Dabei steht immer der*die Spieler*in im Zentrum.

Überblick
- Welche Aufgaben habe ich als Spieler*in, wenn ich den Ball selbst am Fuß habe?
- Was muss ich tun, wenn meine Mitspieler*innen den Ball haben?
- Wie muss ich mich verhalten, wenn ich selbst den Ball gewinnen möchte?
- Was müssen wir tun, um gemeinsam den Ball zu gewinnen?

Die Autoren sind sich darüber bewusst, dass es neben dieser Art der Unterteilung noch viele weitere Variationsmöglichkeiten gibt. Durch ihre Einfachheit in der Vermittlung gegenüber den Spieler*innen und dem begrenzten Verständnis des Sportspiels Fußball für Anfänger*innen schien sie am passendsten, um schnell und unkompliziert ins Handeln, also in das konkrete Coaching zu kommen.

Neben einer Abbildung für ein räumliches Verständnis, finden sich für jede Übung und Spielform der Ablauf, die möglichen Variationen und eine Schwierigkeitseinordnung. Zur besseren Veranschaulichung gibt es noch 15

Videobeispiele zu ausgewählten Trainingsformen aus allen vier Bereichen und für mehr Praxisnähe wurde noch der Trainer*innen-Tipp hinzugefügt: Dieser soll den Trainer*innen Erfahrungswerte der Autoren mit der jeweiligen Spiel- oder Übungsform mit auf den Weg geben.

Literatur

BVB (2011, 09. April). *Adi Preißler: BVB-Legende würde heute seinen 90. Geburtstag feiern.* . https://www.bvb.de/News/Uebersicht/Adi-Preissler-BVB-Legende-wuerde-heute-seinen-90.-Geburtstag-feiern.

Memmert, D., & Schwab, S. (2013). Integrative Sportspielvermittlung. In A. Güllich & M. Krüger (Hrsg.), *Bachelor-Kurs Sport – Ein Lehrbuch für das Studium der Sportwissenschaft* (S. 559–563). Springer.

Ich habe den Ball

8

8.1 Ich bleibe im Ballbesitz (Dribbling)

1 Argentinien-Dribbelparcours
Ablauf:

- Hütchen und Spieler*innen gemäß der Abb. 8.1 aufstellen.
- Der*Die Trainer*in startet die Aktion mit seinem*ihrem Kommando.
- Wer zuerst den Parcours erfolgreich durchdribbelt hat, gewinnt und erhält einen Punkt.
- Die Mannschaft, die zuerst zehn Punkte hat, gewinnt.

Variationen:

- Startposition verändern, z. B. im Sitzen starten, vorher eine Turnaufgabe absolvieren, usw.
- Vorgeben, mit welchem Fuß durch den Parcours gedribbelt werden muss.
- Den Parcours so umbauen, dass sich die beiden Strecken gar nicht kreuzen.
- Den Parcours so umbauen, dass sich die beiden Strecken nicht nur an einem Hütchen kreuzen und somit die Wahrnehmung noch mehr geschult wird.

Ergänzende Information Die elektronische Version dieses Kapitels enthält Zusatzmaterial, auf das über folgenden Link zugegriffen werden kann https://doi.org/10.1007/978-3-662-67984-5_8. Die Videos lassen sich durch Anklicken des DOI Links in der Legende einer entsprechenden Abbildung abspielen, oder indem Sie diesen Link mit der SN More Media App scannen.

S. Schwab und J. Balle, *Fußball – Das Praxisbuch für Training, Studium, Schule und Freizeitsport,* Sportpraxis, https://doi.org/10.1007/978-3-662-67984-5_8

Trainer*innen-Tipp:

- Hier gilt es die Spannung, Intensität und den Wettkampfcharakter so hoch wie möglich zu halten. Das bedeutet, dass diese Übungsform nicht zu lange gespielt werden sollte, sondern als intensive Übung für zwischendurch genutzt wird.

Schwierigkeit: leicht

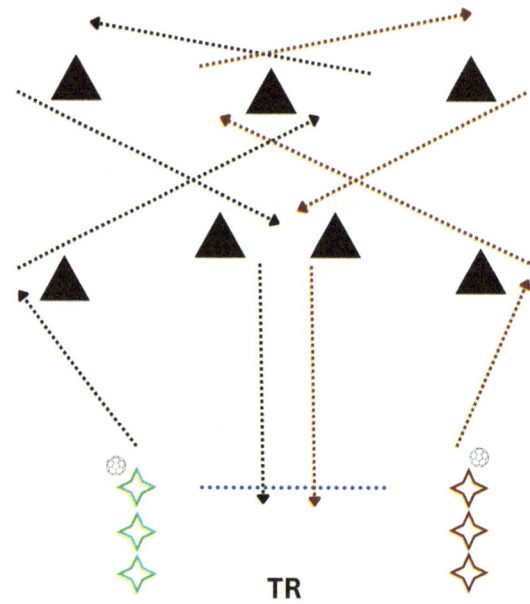

Abb. 8.1 Argentinien-Dribbelparcours

2 Frankreich-Dribbling

Ablauf:

- Hütchen und Spieler*innen gemäß der Abb. 8.2 aufstellen.
- Der*Die Trainer*in startet die Aktion mit seinem*ihrem Kommando.
- Die ersten Spieler*innen aus jeder Mannschaft dribbeln mit einem Leibchen in der Hand durch ein Hütchen-Tor zu ihrem Zielhütchen und dribbeln um das Hütchen herum.
- Anschließend legen sie ihr Leibchen in einem Hütchen-Tor ab.
- Jedes Hütchen-Tor kann nur mit je einem Leibchen belegt werden.
- Nach der Ballübergabe dribbeln die zweiten Spieler*innen durch das freie Hütchen-Tor.
- Danach dribbeln sie um das Zielhütchen ihrer Mannschaft.
- Jede*r Spieler*in holt das Leibchen seiner*ihrer Mannschaft und übergibt den Ball und das Leibchen.
- Der Ablauf wird wiederholt, bis jede*r Spieler*in zweimal an der Reihe war.
- Spieler*innen, die fertig sind, setzen sich hin.
- Die Mannschaft, die als Erstes komplett sitzt, gewinnt.

Variationen:

- Distanzen entsprechend variieren, um für mehr Abwechslung zu sorgen. Auch innerhalb eines Wettkampfes können die Abstände dem Entwicklungsstand einzelner Gruppen angepasst werden.

Trainer*innen-Tipp:

- Auf jeden Fall auf das korrekte Ablegen der Leibchen Wert legen, da es ansonsten zu Unmut unter den Spieler*innen führen kann.

Schwierigkeit: leicht

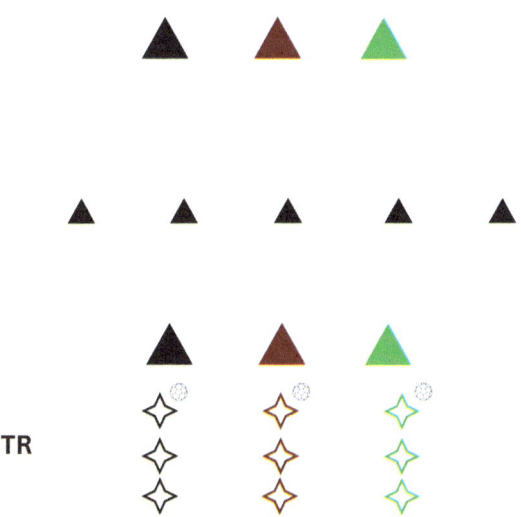

Abb. 8.2 Frankreich Dribbling

3 Brasilien-Dribbel-Fangspiel (Video)

Ablauf:

- Hütchen und Spieler*innen gemäß der Abb. 8.3 aufstellen.
- Der*Die Trainer*in startet die Aktion mit seinem*ihrem Kommando.
- Der*Die rote Spieler*in außerhalb des Quadrats probiert durch das schwarze Hütchen-Tor in das Quadrat zu kommen.
- Der*Die grüne Fänger*in innerhalb des Quadrats probiert durch die anderen drei grünen Hütchen-Tore aus dem Quadrat zu kommen und den*die rote Spieler*in zu fangen.
- Wenn der*die rote Spieler*in es schafft, in das Quadrat zu gelangen, bekommt er*sie einen Punkt und der*die grüne Fänger*in bleibt im Quadrat.
- Wenn er*sie es nicht schafft und gefangen wird, wird er*sie in der nächsten Aktion zum*zur Fänger*in und der*die grüne Spieler*in stellt sich nach der Aktion wieder hinten an.

Variationen:

- Anpassung der Feldgröße bzw. der Feldform, um die Übung schwieriger oder wahlweise einfacher zu gestalten.

Trainer*innen-Tipp:

- Diese Form lässt sich nicht nur auf dem Rasen sehr gut spielen. Unterschiedliche Untergründe (Beton, Hartgummi, Kunstrasen) sorgen hier für eine größere Abwechslung.

Schwierigkeit: mittel

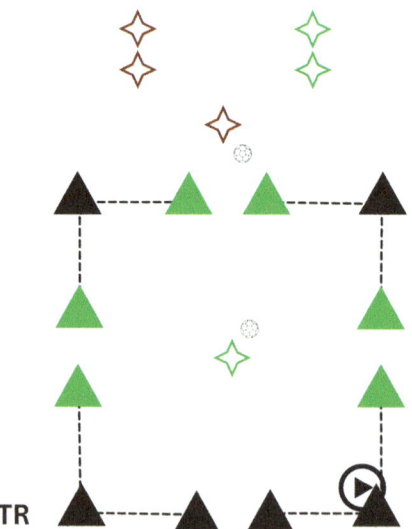

Abb. 8.3 Brasilien-Dribbel-Fangspiel (▸ https://doi.org/10.1007/000-bag)

8.2   Torabschlüsse nutzen (Torschuss)

4 Belgien-Torabschluss (Video)
Ablauf:

- Hütchen, Spieler*innen und Tore gemäß der Abb. 8.4 aufstellen.
- Auf den Pfiff des*der Trainers*Trainerin beginnt die Aktion.
- Der*Die ballbesitzende Spieler*in passt auf den*die mittlere*n Spieler*in; diese*r lässt den Ball klatschen.
- Danach spielt der*die Startspieler*in auf den*die tiefstehende*n Spieler*in, welche*r auf den*die mittlere*n Spieler*in klatschen lässt.
- Der*Die mittlere Spieler*in kommt dann mit dem ersten oder zweiten Kontakt zum Torabschluss.
- Danach geht jede*r Spieler*in eine Position weiter, der*die tiefstehende Spieler*in holt den Ball und stellt sich am Anfang wieder an.

Variationen:

- Eine*n Spieler*in noch zusätzlich ergänzen.
- Pass von Spieler*in 1 auf Spieler*in 3 spielen. Spieler*in 3 lässt dann direkt auf Spieler*in 2 klatschen, der*die mit einem Torschuss vollendet.

Trainer*innen-Tipp:

- Es ist sicherlich von Anfang an sinnvoll, einen Wettkampf durchzuführen, um die Intensität von der ersten Runde an hochzuhalten.

Schwierigkeit: leicht

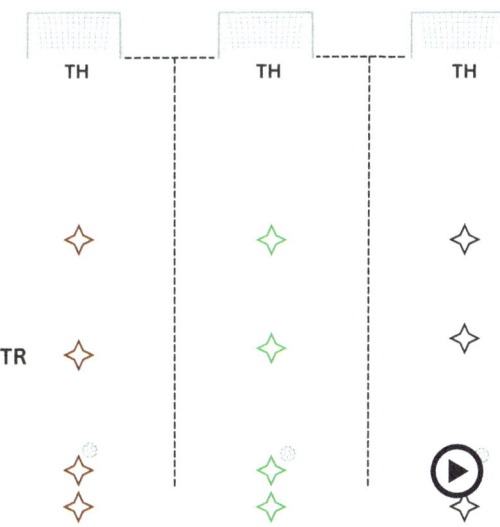

Abb. 8.4   Belgien-Torabschluss (▶ https://doi.org/10.1007/000-baf)

5 England-Torschuss

Ablauf:

- Hütchen, Spieler*innen und Tore gemäß der Abb. 8.5 aufstellen.
- Torschusswettkampf zwischen grün und rot.
- Der*Die erste grüne Spieler*in dribbelt in das markierte Viereck.
- Er*Sie muss dann im markierten Viereck auf das Tor von rot schießen.
- Sobald der*die erste grüne Spieler*in auf das rote Tor abschließt, startet der*die zweite rote Spieler*in.
- Der*Die erste grüne Spieler*in wird nach dem Abschluss direkt zum*zur Torhüter*in und muss somit schnellstmöglich zurück ins eigene Tor.
- Direkt im Anschluss der nächsten Aktion wird der*die zweite rote Spieler*in zum*zur neuen Torhüter*in.
- Nach einem Schuss stellt sich der*die entsprechende Torhüter*in mit Ball wieder hinten an.

Variationen:

- Schwierigkeit erhöhen:
  - Die Spieler*innen schießen nun auf drei Mini-Tore.
  - Je größer der Abstand zwischen den Mini-Toren ist, desto leichter wird es für die Angreifer*innen.
  - Der vorgestellte Ablauf bleibt dabei gleich.
- Schwierigkeit senken:
  - Neben dem großen Tor kann jetzt auch auf zwei Mini-Tore geschossen werden, die seitlich neben dem Tor stehen.
  - Der vorgegebene Ablauf bleibt dabei gleich.

Trainer*innen-Tipp:

- Darauf achten, dass die Mini-Tore den Spieler*innen entsprechend weit genug auseinander stehen, um die Torerzielung sowie die Torverhinderung gleichermaßen möglich zu machen.

Schwierigkeit: mittel

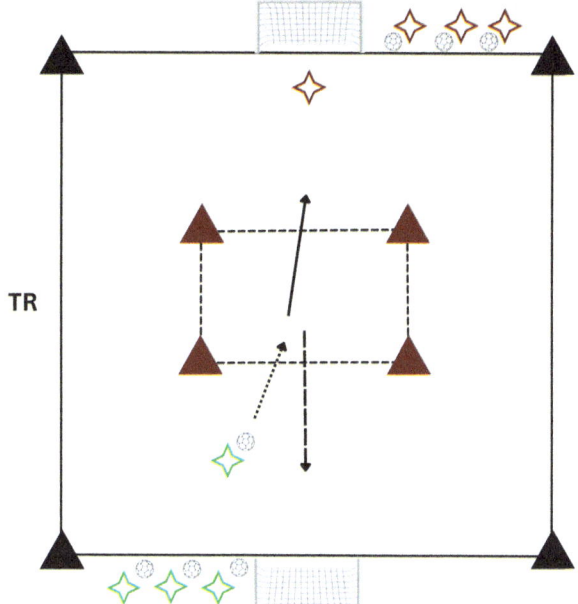

Abb. 8.5 England-Torschuss

6 Niederlande-Wettrennen

Ablauf:

- Hütchen, Spieler*innen und Tore gemäß der Abb. 8.6 aufstellen.
- Auf Kommando des*der Trainers*Trainerin starten die Spieler*innen auf beiden Seiten in ein 2 vs. 1 + Torhüter*in.
- Für den ersten Treffer gibt es zwei Punkte, für den zweiten noch einen Punkt.
- Die Mannschaft, die nach fünf Minuten mehr Punkte erzielt, gewinnt.

Variationen:

- Schwierigkeit für Angreifer*innen senken:
  – Das Feld breiter machen.
- Schwierigkeit für Angreifer*innen erhöhen:
  – Die Mannschaft, die als Zweites trifft, bekommt keinen Punkt mehr. Dadurch ist der Zeitdruck auf beide Mannschaften deutlich größer.

Trainer*innen-Tipp:

- Auf einen rechtzeitigen Wechsel der Verteidiger*innen achten, da diese Übung nur dann sinnvoll ist, wenn mit maximaler Intensität verteidigt wird.
- Eine*n Auswechselspieler*in so positionieren, dass nach zwei Aktionen der*die Verteidiger*in tauschen können.

Schwierigkeit: mittel

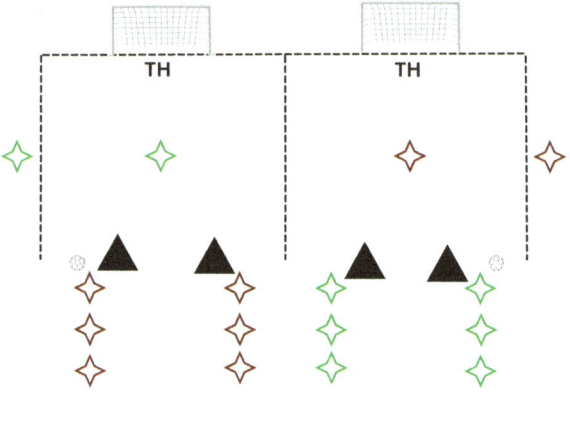

Abb. 8.6 Niederlande-Wettrennen

8.3 Gegenspieler überwinden (1vs1)

7 Kroatien-Käfig
Ablauf:

- Hütchen, Spieler*innen und Mini-Tore gemäß der Abb. 8.7 aufstellen.
- Auf Kommando des*der Trainers*Trainerin sprinten beide Spieler*innen um das grüne bzw. rote Hütchen.
- Erreicht der*die erste Spieler*in sein Hütchen, spielt der*die Trainer*in einen Ball in das Spielfeld.
- Die Spieler*innen dürfen nun auf beide Mini-Tore abschließen.
- Jede*r Spieler*in zählt seine*ihre erzielten Tore.
- Der*Die Spieler*in, der*die trifft, darf im Feld bleiben.
- Sobald der Ball ins Tor geht, darf der*die nächste Gegenspieler*in lossprinten und beide müssen erneut um die Hütchen laufen.
- Geht der Ball ins Aus, bleiben beide Spieler*innen im Feld und der*die Trainer*in spielt den nächsten Ball rein.
- Geht der zweite Ball wieder ins Aus, müssen beide Spieler*innen das Spielfeld verlassen.
- Dann starten zwei neue Spieler*innen ins Feld.

Variationen:

- Veränderung der Position der Hütchen, um welche die Spieler*innen sprinten müssen, beispielsweise neben den Mini-Toren.
- Variation des Anspiels durch den*die Trainer*in, z. B. als Einwurf.

Trainer*innen-Tipp:

- Bei zu langen 1 vs. 1 Situationen einen Countdown von 5 auf 0 herunterzählen, um die Intensität der Übung hochzuhalten.
- Bei Bedarf einen zweiten, neuen Ball einspielen.

Schwierigkeit: mittel

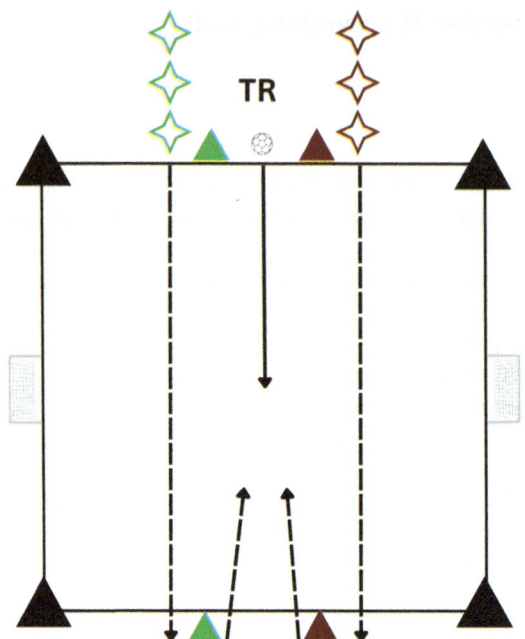

Abb. 8.7 Kroatien-Käfig

8 Italien-Tanzstunde
Ablauf:

- Hütchen und Spieler*innen gemäß der Abb. 8.8 aufstellen.
- Auf Kommando des*der Trainers*Trainerin laufen die gegenüberliegenden Spieler*innen los.
- Der*Die rote Spieler*in ist der*die Fänger*in und der*die grüne Spieler*in versucht durch die Hütchen-Tore zu laufen.
- Es gibt jeweils einen Punkt für einen erfolgreichen Lauf und eine*n gefangene*n Spieler*in.

Variationen:

- Der*Die Fänger*in wird zum*zur Gejagten.
- Mit dem Ball am Fuß und nach einem erfolgreichen Dribbling durch das Hütchen-Tor, muss noch anschließend auf ein Mini-Tor dahinter geschossen werden.

Trainer*innen-Tipp:

- Auf eine Mindestanzahl von sechs bis acht Spieler*innen achten, damit die Übung ohne Unterbrechungen kontinuierlich durchlaufen kann.

Schwierigkeit: mittel

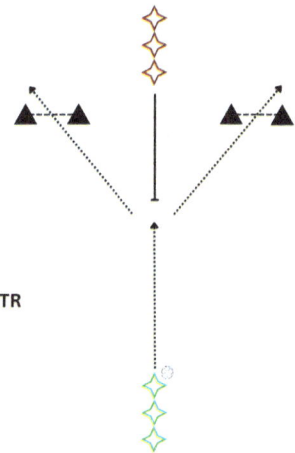

Abb. 8.8 Italien-Tanzstunde

9 Portugal-1 vs. 1 (Video)
Ablauf:

- Hütchen und Spieler*innen gemäß der Abb. 8.9 aufstellen.
- Der*Die jeweils hintere Spieler*in geht in eine leichte Grätsch-Stellung und fungiert nun als Tor.
- Die beiden mittleren Spieler*innen gehen nun in das 1 vs. 1 auf die ‚menschlichen Tore‘.
- Es gibt einen Punkt, wenn ein*e Spieler*in einen Pass durch ein ‚menschliches Tor‘ gespielt hat.
- Es kann jederzeit, nach einer Minute oder jeweils nach einem erzielten Tor der*die Feldspieler*in mit dem*der Partner*in als ‚menschliches Tor‘ die Aufgaben wechseln.

Variationen:

- Das ‚menschliche Tor‘ steht nicht auf der Grundlinie, sondern zwei bis drei Meter innerhalb des Feldes, sodass auch Tore ‚von hinten‘ erzielt werden dürfen.
- Aus einem 1 vs. 1 mit gegrätschten Beinen auf insgesamt zwei Tore wird ein 2 vs. 2 mit gegrätschten Beinen auf insgesamt vier Tore.

Trainer*innen-Tipp:

- Am besten mit einer klar definierten Spielzeit, z. B. von einer Minute pro 1 vs. 1 und klar kommunizierten Wechseln spielen, was für eine gewisse Intensität und Abwechslung sorgt.

Schwierigkeit: leicht

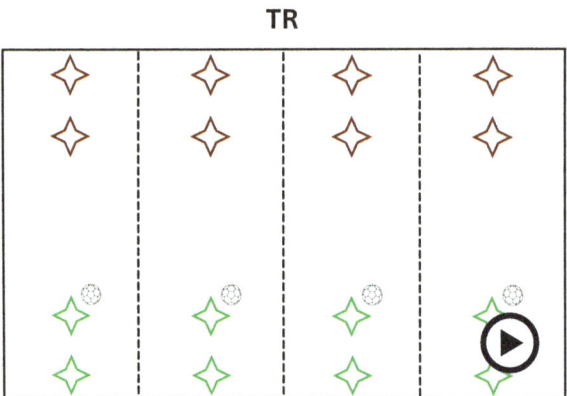

Abb. 8.9 Portugal-1 vs. 1 (▶ https://doi.org/10.1007/000-bae)

8.4   Mitspieler einbinden (Überzahl-Unterzahl)

10 Spanien-Überzahl
Ablauf:

- Hütchen, Spieler*innen und Mini-Tore gemäß der Abb. 8.10 aufstellen.
- Es wird zuerst 3 gegen 0 auf zwei Mini-Tore gespielt.
- Ziel ist es, so schnell wie möglich ein Tor zu schießen. Allerdings müssen alle drei Spieler am Ball gewesen sein, bevor geschossen werden darf.
- Der*Die Trainer*in stoppt die Zeit und die schnellste Mannschaft bekommt einen Punkt.
- Danach wird 3 vs. 1 auf zwei Mini-Tore gespielt, wobei der*die Verteidiger*in zwischen den Mini-Toren 10 m von der Grundlinie entfernt, beginnt.
- Diesmal muss nicht jede*r am Ball gewesen sein, bevor ein Tor erzielt werden darf, sondern es geht lediglich darum, so schnell wie möglich ein Tor zu erzielen.
- Die schnellste Mannschaft bekommt wieder einen Punkt.
- Danach das Gleiche mit 3 vs. 2 auf zwei Mini-Tore, wobei die beiden Verteidiger*innen auf Höhe des inneren Pfostens der Mini-Tore 10 m von der Grundlinie entfernt, beginnen.
- Zu guter Letzt wird 3 vs. 2 + 1 auf zwei Mini-Tore gespielt. Sobald der*die Angreifer*in den Ball berührt, darf der*die zusätzliche, dritte Verteidiger*in von einer Entfernung von drei Metern hinter dem*der Angreifer*in, hinterherlaufen.

Variationen:

- Alle beschriebenen Formen können auch auf ein zentrales Tor durchgeführt werden.
- Die Verteidiger*innen starten dabei jeweils von der Grundlinie zwischen den beiden Mini-Toren ins Feld.
- Die Abwehrspieler*innen sollen nicht nur das Tor verhindern, sondern idealerweise aktiv den Ball erobern, um dann auf die drei kleinen schwarzen Konter-Tore selbst anzugreifen.

Trainer*innen-Tipp:

- Unbedingt auf einen häufigen Wechsel der Verteidiger*innen achten, da es bei fehlenden Erfolgserlebnissen ansonsten zu einem Intensitätsabfall führt. (Es sei denn, es wird mit einem Angreifer*innen-Verteidiger*innen-Wechsel-Kontinuum gespielt!)

Schwierigkeit: leicht-mittel

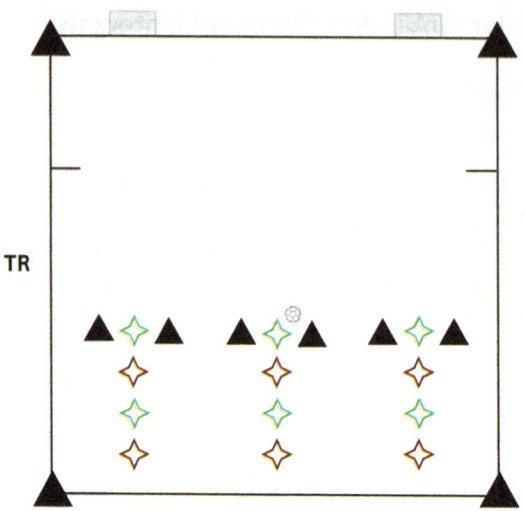

Abb. 8.10 Spanien-Überzahl

11 Marokko-Rondo (Video)
Ablauf:

- Hütchen und Spieler*innen gemäß der Abb. 8.11 aufstellen.
- Grün spielt gegen rot im 3 vs. 1 und versucht im Ballbesitz zu bleiben.
- Bei Ballverlust wechseln direkt die Aufgaben und rot und grün tauschen ihre Positionen.

Variationen:

- Nach einer bestimmten Anzahl von Ballkontakten kann das Feld gewechselt werden.
- Es wird auf Zeit gespielt und es werden die Balleroberungen gezählt. Die Mannschaft mit den meisten Balleroberungen gewinnt.

Trainer*innen-Tipp:

- Die jeweilige Feldgröße sollte aus Intensitätsgründen so gewählt werden, dass die Verteidiger*innen eine gute Chance haben, den Ball zu bekommen.

Schwierigkeit: mittel

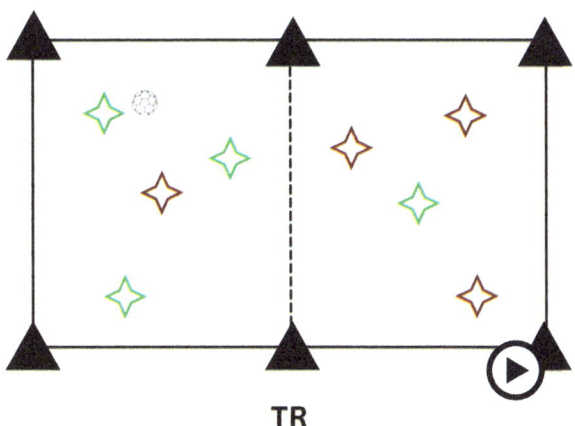

Abb. 8.11   Marokko-Rondo (▶ https://doi.org/10.1007/000-bah)

12 Schweiz-Auffüller
Ablauf:

- Hütchen, Spieler*innen und Tore gemäß der Abb. 8.12 aufstellen.
- Alle Spieler*innen in Dreier-Gruppen einteilen (zwei Mannschaften, eine pro Seite neben den Torpfosten).
- Ein*e Spieler*in mit Ball der grünen Mannschaft dribbelt an und versucht, ein Tor zu erzielen.
- Wenn ihm*ihr dies gelingt, dribbelt der*die erste Spieler*in der gegnerischen roten Mannschaft ins Feld und spielt nun 1 vs. 1, bis das nächste Tor fällt.
- Erzielt erneut die grüne Mannschaft das Tor, dribbelt der*die zweite Spieler*in der roten Mannschaft ins Feld und spielt nun 2 vs. 1.
- Es füllt jeweils immer die Mannschaft auf, die ein Gegentor bekommt.
- Die Mannschaft, die als erstes ein Tor gegen drei Gegenspieler*innen erzielt, gewinnt den Durchgang; somit fällt spätestens beim 3 vs. 3 die Entscheidung.

Variationen:

- Tiefe*r Anspieler*in neben den Toren integrieren.
- Auf umgedrehte Tore spielen.
- Bis zu einem 4 vs. 4 oder 5 vs. 5 spielen.
- Bälle werden von dem*der Trainer*in auf Höhe der Mittellinie zur entsprechenden Mannschaft eingepasst.

Trainer*innen-Tipp:

- Sollte nach einer gewissen Zeit kein Tor fallen, den*die nächste*n Spieler*in auf das Feld schicken.
- Spieler*innen selbst entscheiden lassen, wer wann auf das Feld geht.
- Vorab genügend Bälle in die Tore verteilen.

Schwierigkeit: mittel

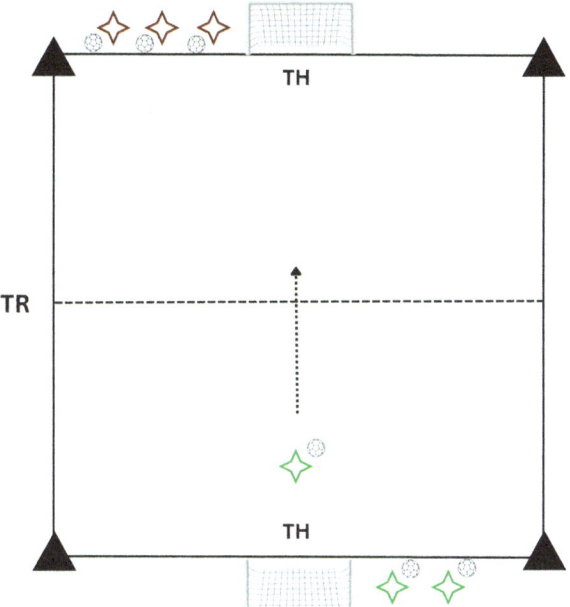

Abb. 8.12 Schweiz-Auffüller

8.5   Räume bespielen

13 USA-Pass-Wettkampf
Ablauf:

- Hütchen und Spieler*innen gemäß der Abb. 8.13 aufstellen.
- Der*Die grüne Spieler*in mit Ball muss einen genauen Pass zum*zur nächsten Mitspieler*in im Uhrzeigersinn spielen.
- Der*Die Passgeber*in läuft seinem*ihrem Ball hinterher.
- Die Spieler*innen müssen den Pass zwischen dem roten und dem schwarzen Hütchen spielen und annehmen.
- Die Mannschaft, die in einer Minute mehr vollständige Pässe schafft, gewinnt.
- Ungenaue Pässe geben keinen Punkt.

Variationen:

- Die Spielrichtung wird gegen den Uhrzeigersinn gewechselt.
- Schwierigkeit senken:
  - Den Abstand zwischen den roten und den schwarzen Hütchen vergrößern.
- Schwierigkeit erhöhen:
  - Die Passdistanzen erhöhen oder die Abstände zwischen den Vierecken verringern.

Trainer*innen-Tipp:

- Bei diesem Wettkampf am besten flache Plättchen anstelle der klassischen Hütchen verwenden, da die Spieler*innen häufig zu nah am innenliegenden Hütchen stehen und dadurch die Bälle verspringen können.

Schwierigkeit: leicht

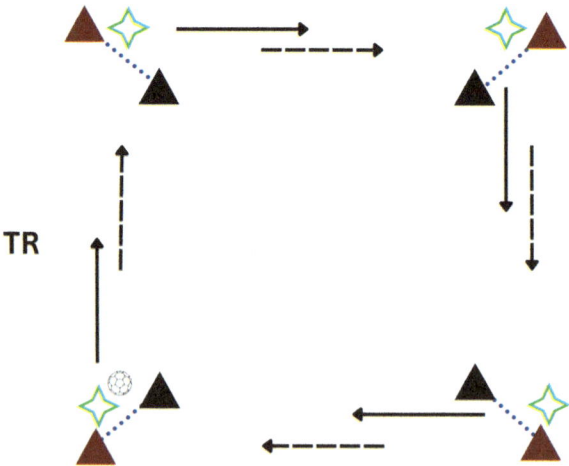

Abb. 8.13 USA-Pass-Wettkampf

14 Deutschland-Torschutz

Ablauf:

- Hütchen, Spieler*innen und Mini-Tore gemäß der Abb. 8.14 aufstellen.
- Die grüne Mannschaft muss ein Tor auf eines der drei Mini-Tore schießen und der*die rote Spieler*in muss die Tore schützen.
- Grün darf sich den Ball untereinander zupassen und nur hinter ihrer schwarzen Linie den Ball ins Tor schießen.
- Rot kann die Tore schützen, indem er*sie sie berührt.
- Nach maximal einer Minute wechselt der*die Spieler*in in der Mitte und die Zahl der Gegentore wird gezählt.
- Welche*r Spieler*in kassiert die wenigsten Gegentore?

Variationen:

- Der*Die Verteidiger*in muss versuchen, Tore ‚richtig' zu verhindern; lediglich das Berühren des Tores reicht dann nicht mehr aus.
- Schwierigkeit für Verteidiger*innen senken:
  - Abstände zwischen den Toren verkleinern.
  - Schusslinie weiter vom Tor entfernt nach hinten verschieben.
- Schwierigkeit für Verteidiger*innen erhöhen:
  - Größere Abstände zwischen den Toren anbieten.
  - Schusslinie näher an die Tore verschieben.

Trainer*innen-Tipp:

- Darauf achten, genügend Bälle bereitzustellen, falls es zu Fehlpässen kommt.

Schwierigkeit: leicht-mittel

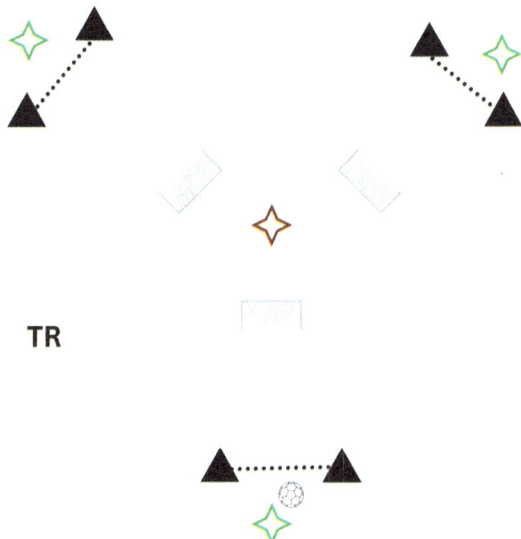

Abb. 8.14 Deutschland-Torschutz

15 Mexiko-Tore (Video)

Ablauf:

- Hütchen und Spieler*innen gemäß der Abb. 8.15 aufstellen.
- Jeweils drei Pärchen haben zusammen einen Ball und zwei Pärchen spannen zwischen sich ein Markierungs-Leibchen.
- Die beiden letztgenannten Pärchen laufen nun als bewegliche Tore durch das markierte Feld, während die drei anderen Pärchen versuchen, sich ihren Ball durch das bewegliche Tor durchzupassen.
- Pro durchgespieltem Pass gibt es einen Punkt.

Variationen:

- Der*Die Spieler*in in Ballbesitz darf keinen Schritt mit Ball laufen.
- Die Geschwindigkeit der beweglichen Tore erhöhen oder verringern.

Trainer*innen-Tipp:

- Aufpassen, dass Pärchen mit Markierungsleibchen keine einzelnen Spieler*innen damit „über den Haufen rennen“.

Schwierigkeit: leicht

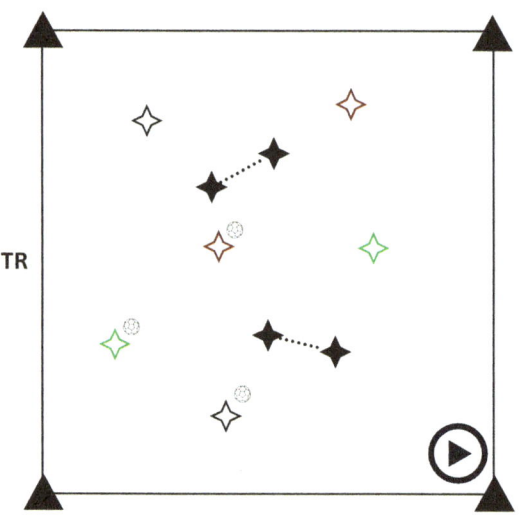

Abb. 8.15 Mexiko-Tore (▶ https://doi.org/10.1007/000-baj)

16 Uruguay-Double Trouble
Ablauf:

- Hütchen, Spieler*innen und Tore gemäß der Abb. 8.16 aufstellen.
- Es wird 8 vs. 8 gespielt, wobei sich jede*r Spieler*in eine*n Partner*in aus der eigenen Mannschaft suchen muss, mit dem*der er*sie die ganze Zeit Händchen hält. Der Ball darf nur gespielt werden, wenn der*die Partner*in an der Hand gehalten wird. Sollten sich zwei Spieler*innen kurzzeitig loslassen, müssen sie erst wieder zusammenfinden, bevor sie den Ball spielen dürfen.
- Tore dürfen lediglich im letzten Angriffsdrittel erzielt werden.

Variationen:

- Jede Mannschaft hat eine*n festen Torhüter*in, sodass von überall auf dem Feld auf das Tor geschossen werden darf.
- Auf Pfiff des*der Trainers*Trainerin müssen alle die Hände loslassen, sich schnellstmöglich eine*n neue*n Partner*in suchen und dürfen dann direkt mit Partner*in an der Hand weiterspielen.
- Nach einer gewissen Zeit mit zwei oder sogar drei Bällen gleichzeitig spielen.

Trainer*innen-Tipp:

- Sanktionieren, wenn ein*e Spieler*in den Ball berührt, ohne eine*n Partner*in an der Hand zu halten (vor allem beim Wechsel wichtig).

Schwierigkeit: leicht-mittel

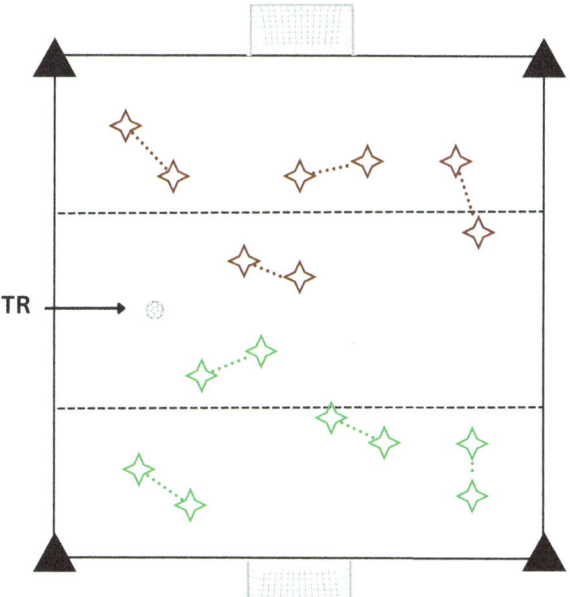

Abb. 8.16 Uruguay-Double Trouble

Wir haben den Ball

9

9.1 Anbieten & Freilaufen

17 Kolumbien-Umschalt-Fußball (Video)
Ablauf:

- Hütchen, Spieler*innen und Tore gemäß der Abb. 9.1 aufstellen.
- Alle Spieler*innen in Dreier-Gruppen einteilen (zwei Mannschaften, eine pro Seite neben den Torpfosten).
- Ein*e Spieler*in mit Ball der grünen Mannschaft dribbelt an und versucht, ein Tor zu erzielen.
- Nach dem Abschluss, dribbelt der*die erste Spieler*in der gegnerischen roten Mannschaft ins Feld und spielt nun 1 vs. 1.
- Nach dem Abschluss oder wenn der Ball im Aus ist, dribbelt der*die zweite Spieler*in der grünen Mannschaft ins Feld und spielt nun 2 vs. 1.
- Das geht dann immer so in dieser festen Reihenfolge weiter, unabhängig davon, welche Mannschaft ein Tor erzielt, sodass das Spiel bis zu einem 3 vs. 3 fortgeführt wird.

Variationen:

- Tiefe*r Anspieler*in integrieren.
- Auf umgedrehte Tore spielen.

Ergänzende Information Die elektronische Version dieses Kapitels enthält Zusatzmaterial, auf das über folgenden Link zugegriffen werden kann https://doi.org/10.1007/978-3-662-67984-5_9. Die Videos lassen sich durch Anklicken des DOI Links in der Legende einer entsprechenden Abbildung abspielen, oder indem Sie diesen Link mit der SN More Media App scannen.

- Bis zu einem 4 vs. 4 oder 5 vs. 5 spielen.
- Bälle werden von dem*der Trainer*in auf Höhe der Mittellinie zur entsprechenden Mannschaft eingepasst.

Trainer*innen-Tipp:

- Jede*r Spieler*in ist für seinen*ihren eigenen Ball verantwortlich.

Schwierigkeit: mittel

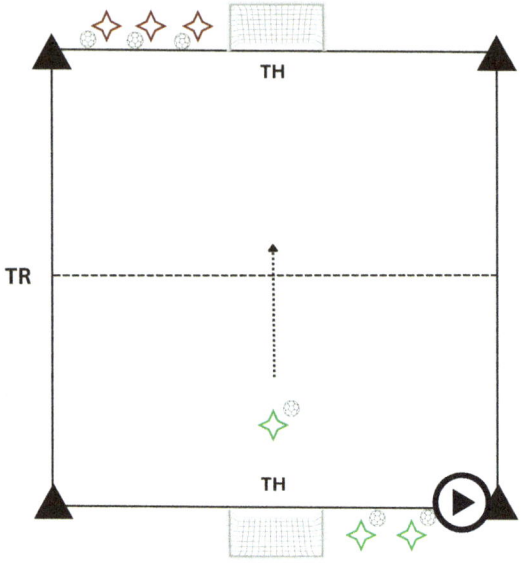

Abb. 9.1 Kolumbien-Umschalt-Fußball (▸ https://doi.org/10.1007/000-ban)

18 Senegal-Anspieler*in
Ablauf:

- Hütchen, Spieler*innen und Mini-Tore gemäß der Abb. 9.2 aufstellen.
- Grün spielt gegen rot.
- Je ein*e Spieler*in pro Mannschaft ist in der Schuss-Zone und darf diese nicht verlassen.
- Die jeweiligen, beiden Mannschaftskolleg*innen dürfen sich frei auf dem Feld bewegen.
- Tore sind nur innerhalb der Schuss-Zonen erlaubt.

Variationen:

- Tore darf lediglich der*die Spieler*in (als Direktabnahme) erzielen, der*die sich dauerhaft in der Schusszone befindet.
- Die Schusszone darf nur durch ein Dribbling erobert werden, um ein Tor zu erzielen.

Trainer*innen-Tipp:

- Position auf Höhe der Mittellinie finden, mehrere Bälle dort bereithalten, um nach einem Aus-Ball sofort den nächsten Ball ins Spiel zu bringen.

Schwierigkeit: mittel

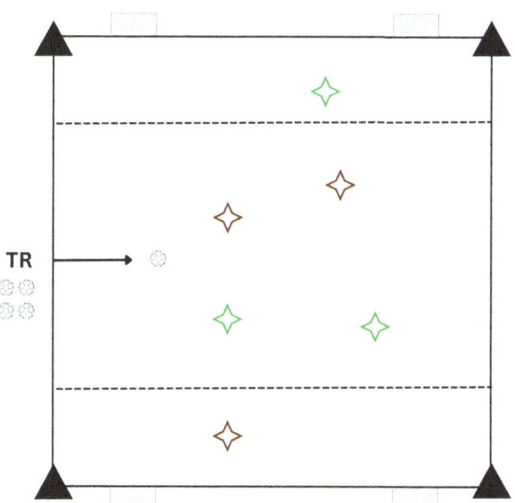

Abb. 9.2 Senegal-Anspieler*in

19 Dänemark-3 vs. 3

Ablauf:

- Hütchen, Spieler*innen und Mini-Tore gemäß der Abb. 9.3 aufstellen.
- Grün spielt gegen rot.
- Grün verteidigt die Tore auf der einen Seite und rot verteidigt die Tore auf der gegenüberliegenden Seite.
- Nach Torerfolg holt die gegnerische Mannschaft den Ball aus dem Tor und spielt sofort weiter.
- Geht der Ball ins Aus, passt der*die Trainerin den nächsten Ball rein.

Variationen:

- Bei allen Variationen gilt:
  - Ein*e Angreifer*in pro Mannschaft fest in der Schusszone des Gegners platzieren.
  - Die restlichen Spieler*innen spielen ein 2 vs. 2 in der Mittelzone.
- Angreifer*in in der Schusszone:
  - Wird der*die Angreifer*in in der Schusszone angespielt, darf er*sie ohne Gegnerdruck ein Tor erzielen.
- Nachlaufen:
  - Wird der*die Angreifer*in in der Schusszone angespielt, dürfen alle aus der Mittelzone nachlaufen.
  - Verlässt der Ball die Schusszone oder das Feld, müssen die Spieler*innen wieder schnell in die Mittelzone kommen.
- Vorbereiter*in:
  - Wird der*die Angreifer*in in der Schusszone angespielt, dürfen alle aus der Mittelzone nachlaufen.
  - Mindestens ein Pflichtpass in der Schusszone.
  - Verlässt der Ball die Schusszone oder das Feld, müssen die Spieler*innen wieder schnell in die Mittelzone kommen.

Trainer*innen-Tipp:

- Die angegebenen Variationen müssen nicht alle pro Trainingseinheit untergebracht werden, sondern maximal zwei bis drei spielen lassen.

Schwierigkeit: mittel

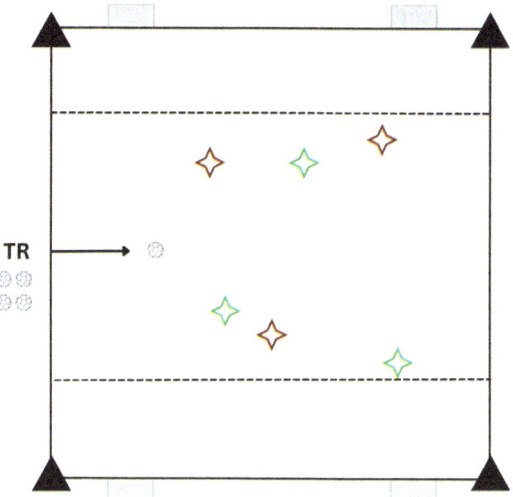

Abb. 9.3 Dänemark-3 vs. 3

9.2   Überzahl ausspielen

20 Japan-Konterbälle
Ablauf:

- Hütchen, Spieler*innen und Tore gemäß der Abb. 9.4 aufstellen.
- Gespielt wird 5 vs. 5 mit festen Torhüter*innen.
- Geht der Ball ins Aus, muss ihn der*die Spieler*in holen, der*die ihn zuletzt berührt hat.
- Sobald der Ball ins Aus geht, darf die ballbesitzende Mannschaft einen Ball von der Seitenlinie wegnehmen und ins Feld dribbeln.
- Der*Die Spieler*in, der*die den Aus-Ball holt, muss ihn dort ablegen, wo die gegnerische Mannschaft weitergespielt hat.

Variationen:

- Der*Die Spieler*in, der*die den Aus-Ball holt, muss variiert werden. Es darf also nicht zwei Mal dieselbe Person den Ball holen.
- Anstelle von 5 vs. 5 bietet sich ebenfalls ein 3 vs. 3 auf Mini-Tore ohne Torhüter*in an.

Trainer*innen-Tipp:

- Maximal drei Bälle pro Seitenlinie auf dieser positionieren.

Schwierigkeit: mittel

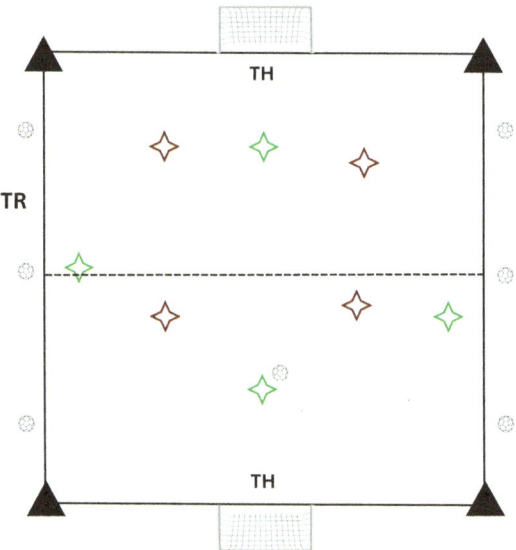

Abb. 9.4 Japan-Konterbälle

21 Peru-7 vs. 7

Ablauf:

- Hütchen, Spieler*innen und Tore gemäß der Abb. 9.5 aufstellen.
- Jede Mannschaft muss nun heimlich, ohne dass es die andere Mannschaft mitbekommt, jedem*jeder Spieler*in eine Zahl zwischen eins und fünf geben.
- Bei sieben Spieler*innen pro Mannschaft bedeutet dies, dass zwei Zahlen doppelt vergeben werden müssen.
- Einzige Einschränkung dabei ist, dass die Zahlen eins und fünf als Kombination nicht doppelt verteilt werden dürfen. Jede andere Kombination ist dagegen erlaubt; z. B. eins und drei, vier und fünf, zwei und vier, usw.
- Jede Mannschaft stellt sich nun neben den eigenen Torpfosten.
- Der*Die Trainer*in wird nun in einer festen Reihenfolge die Zahlen eins bis fünf nacheinander lautstark vorgeben.
- Bei der eins beginnt das Spiel mit einem 1 vs. 1, 1 vs. 2, 2 vs. 1 oder 2 vs. 2, je nachdem wie die einzelnen Mannschaften ihre Nummern untereinander vergeben haben.
- Es folgen dann die Kommandos zwei, drei, vier und fünf. Bei dem Kommando fünf wird nun kurzzeitig 7 vs. 7 gespielt.
- Jetzt wird der*die Trainer*in erneut in der vorgegebenen Reihenfolge die Zahlen eins bis fünf nacheinander lautstark kommunizieren.
- Eins bedeutet nun, dass alle Spieler*innen mit der Nummer eins das Feld wieder verlassen müssen, bis am Ende die jeweilige Zahl fünf ein 1 vs. 1, 1 vs. 2, 2 vs. 1 oder 2 vs. 2 austrägt, je nachdem wie die einzelnen Mannschaften ihre Nummern untereinander vergeben haben.
- Sobald vier Spieler*innen einer Mannschaft auf dem Feld sind, darf der*die letzte Spieler*in den Ball auch mit der Hand abwehren.

Variationen:

- Von Anfang an zwei feste Torhüter*innen in die beiden Tore positionieren.

Trainer*innen-Tipp:

- Idealerweise wählen die beiden Mannschaften unterschiedliche Zahlen, die sie doppelt besetzen, damit es zu ständig wechselnden Über-, Gleich- und Unterzahl-Situationen innerhalb der Spielform kommt.

Schwierigkeit: schwierig

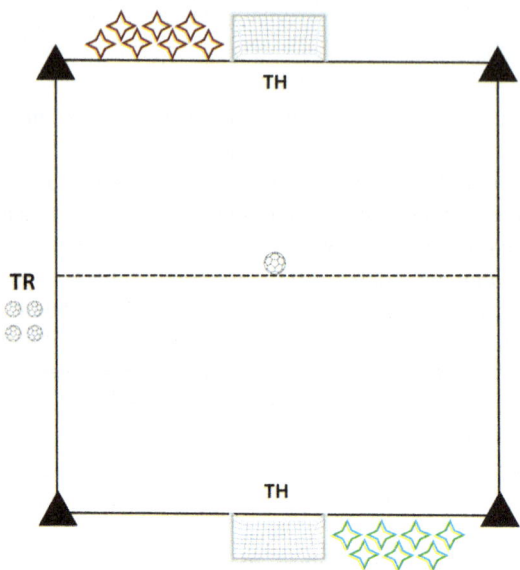

Abb. 9.5   Peru-7 vs. 7

22 Schweden-Zonenball

Ablauf:

- Hütchen, Spieler*innen und Tore gemäß der Abb. 9.6 aufstellen.
- Jede Mannschaft bekommt eine*n Torhüter*in und muss die drei Zonen nun wie folgt besetzen:

  - Defensivzone: ein*e Spieler*in
  - Mittelfeldzone: zwei Spieler*innen
  - Offensivzone: zwei Spieler*innen

- Somit gibt es jeweils eine 2 vs. 1 Überzahlsituation für die angreifende Mannschaft in der Offensivzone.
- Der Ball darf lediglich von Zone zu Zone gepasst werden; Rückpässe sind ebenfalls erlaubt.
- Spieler*innen dürfen die Zone, in der sie eingeteilt wurden, nicht verlassen.
- Tore dürfen nur in der Offensivzone erzielt werden.

Variationen:

- Spieler*innen sollen nach einer bestimmten Zeit die Zonen durchwechseln.
- Rückpässe verbieten.
- Tore dürfen nur nach einer Direktabnahme erzielt werden.
- Ein neutrale*r Spieler*in, der*die jeweils bei der ballbesitzenden Mannschaft mitspielt.
- Tore dürfen auch von der mittleren Zone aus erzielt werden.

Trainer*innen-Tipp:

- Nach Torerfolg der grünen Mannschaft einen freien Pass in die Mittelzone für die rote Mannschaft erlauben, falls diese im Spielaufbau jedes Mal an den gegnerischen, grünen Angreifer*innen hängen bleibt.

Schwierigkeit: schwierig

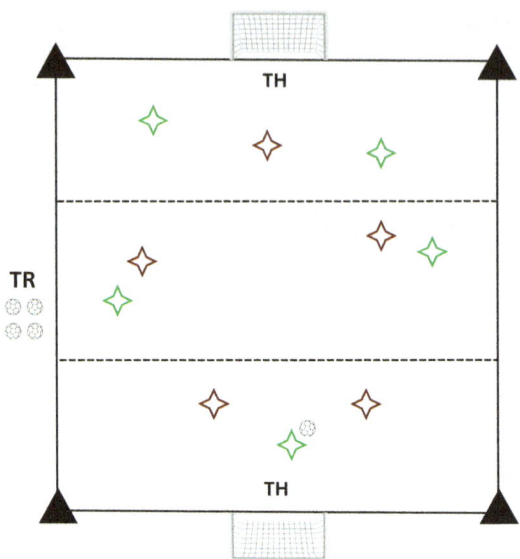

Abb. 9.6 Schweden-Zonenball

23 Polen-6 vs. 6 (Video)
Ablauf:

- Hütchen, Spieler*innen und Tore gemäß der Abb. 9.7 aufstellen.
- Alle Spieler*innen in Fünfer-Gruppen einteilen (zwei Mannschaften, eines pro Seite neben den Torpfosten).
- Der*Die Trainer*in ruft nun laut zwei Zahlen zwischen eins und vier, beispielsweise 2 and 3. Die erste Zahl bezieht sich dabei immer auf die Anzahl der grünen Spieler*innen und die zweite betrifft die rote Mannschaft.
- Gezählt wird immer vom Pfosten weg, sodass klar ist, welche Spieler*innen mit dem Kommando zwei bzw. drei gemeint sind.
- Somit wird jetzt ein 2 (grün) vs. 3 (rot) gespielt, bis ein Tor fällt, der Ball ins Aus geht oder ein Zeitlimit überschritten wurde.
- Nachdem der*die Trainer*in die Spieler*innen-Anzahl lautstark kommuniziert hat, bringt der*die grüne Torhüter*in den Ball ins Spiel.
- Die restlichen Spieler*innen rutschen dann Richtung Pfosten auf und die Spieler*innen, die gerade gespielt haben, füllen pfostenfern die Reihe auf.
- Nach einer gewissen Anzahl an Durchgängen, bzw. nach einer bestimmten Zeit, wechselt der anfängliche Ballbesitz zur roten Mannschaft.

Variationen:

- Es befindet sich jeweils ein*e Trainer*in hinter der grünen Mannschaft und der roten Mannschaft. Diese*r kommuniziert nur zu der eigenen Mannschaft, wie viele Spieler*innen gleich auf das Feld müssen. Nach Augenkontakt der Trainer*innen untereinander, gibt dann eine*r von Beiden das entsprechende Startkommando für die Aktion.
- Die Spieler*innen warten nicht neben den jeweiligen Toren, sondern rechts und links neben dem*der Trainer*in auf Höhe der Mittellinie.

Trainer*innen-Tipp:

- Alle Zahlen zwischen eins und vier auch wirklich nutzen.
- Genügend Bälle vorab in die Tore verteilen.

Schwierigkeit: mittel-schwierig

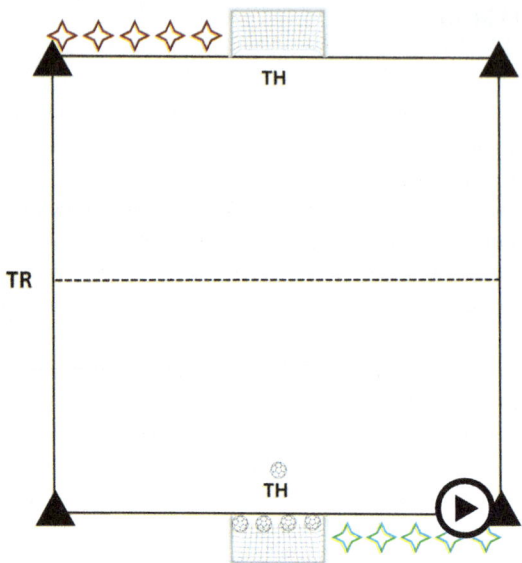

Abb. 9.7   Polen-6 vs. 6   (▶ https://doi.org/10.1007/000-bam)

9.3   Räume erkennen

24 Iran-Eierlegen
Ablauf:

- Hütchen, Spieler*innen und Reifen gemäß der Abb. 9.8 aufstellen.
- Es spielt grün vs. Rot, wobei sich die Mannschaft im Ballbesitz den Ball zuwirft.
- Wer den Ball hat, darf keinen Schritt laufen, muss nach drei Sekunden abspielen und darf nicht angegriffen werden.
- Fängt ein*e Spieler*in den Ball, während er*sie in einem Reifen steht, bekommt seine*ihre Mannschaft einen Punkt.
- Nach jedem Punkt wird der Ball im Reifen abgelegt und der Ballbesitz wechselt.
- Steht ein generischer Fuß auf dem Reifen, während der Ball gefangen wird, ist der Punkt ungültig.
- Geht der Ball ins Aus, wechselt der Ballbesitz.

Variationen:

- Die Spieler*innen erzielen Punkte direkt mit dem Kopf oder dem Fuß; dabei muss der Ball nach dem Ballkontakt im Reifen aufkommen.
- Die Spieler*innen im Ballbesitz dürfen maximal drei Schritte laufen.
- Wer mit dem Ball dribbelt, darf so viele Schritte machen, wie er*sie möchte.

Trainer*innen-Tipp:

- Mehr Reifen als die Anzahl der Verteidiger*innen auslegen.

Schwierigkeit: mittel

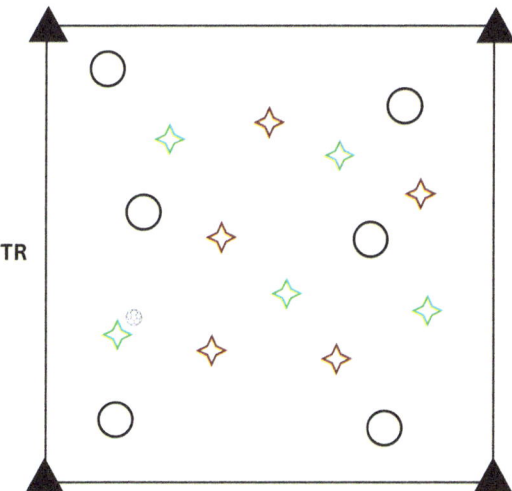

Abb. 9.8 Iran-Eierlegen

25 Serbien-6 vs. 6
Ablauf:

- Hütchen (schwarze Quadrate) und Spieler*innen gemäß der Abb. 9.9 aufstellen.
- Es findet ein freies Spiel, ohne seitliche Feldbegrenzungen, statt.
- Eine Mannschaft kann einen Punkt erzielen, wenn ein*e Mitspieler*in sich in einem der fünf schwarzen Quadrate anbietet, von einem*r Mitspieler*in außerhalb des Quadrats angespielt wird, den ersten Kontakt im Quadrat und den zweiten Kontakt außerhalb des Quadrats vollzieht.
- Bei mehreren Kontakten im Quadrat gibt es keinen Punkt, die Mannschaft bleibt aber in Ballbesitz und kann weiterspielen.

Variationen:

- Es darf sich immer nur ein*e Spieler*in pro Mannschaft für maximal fünf Sekunden pro Quadrat anbieten. Sollte sich ein*e zweite*r Mitspieler*in im gleichen Quadrat anbieten, würde der vermeintliche Punkt nicht zählen.
- Für einen Punkt muss der erste Kontakt außerhalb des Quadrats und der zweite Kontakt innerhalb des Quadrats stattfinden.

Trainer*innen-Tipp:

- Die jeweils äußeren Quadrate maximal 16er-breit aufbauen.

Schwierigkeit: mittel

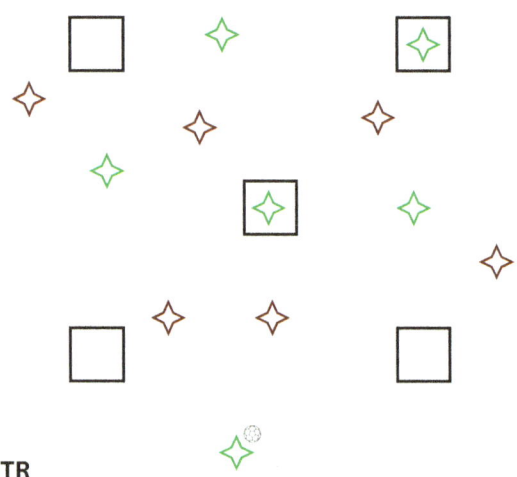

TR

Abb. 9.9 Serbien-6 vs. 6

26 Wales-Ballhalten (Video)
Ablauf:

- Hütchen, Spieler*innen und Tore gemäß der Abb. 9.10 aufstellen.
- Die sechs roten Spieler*innen spielen zusammen mit den beiden Tor-hüter*innen auf Ballbesitz gegen die vier grünen Spieler*innen.
- Für zehn Pässe in Folge erhalten die roten Spieler*innen einen Punkt.
- Erobern die grünen Spieler*innen den Ball, probieren sie auf eines der beiden Tore ein Tor zu erzielen (1 Punkt pro Torerfolg).
- Die rote Mannschaft geht bei Ballverlust direkt ins Gegen-Pressing.

Variationen:

- Schwierigkeit für die grünen Spieler*innen erhöhen:

  – Nach Ballgewinn muss mindestens ein*e weitere*r grüne*r Spieler*in den Ball berühren, bevor ein Tor erzielt werden kann.
  – Ein Torerfolg der grünen Mannschaft darf nicht in der Hälfte geschehen, in der der Ballgewinn erfolgt ist.

Trainer*innen-Tipp:

- Vorab genügend Bälle in beide Tore verteilen.

Schwierigkeit: mittel

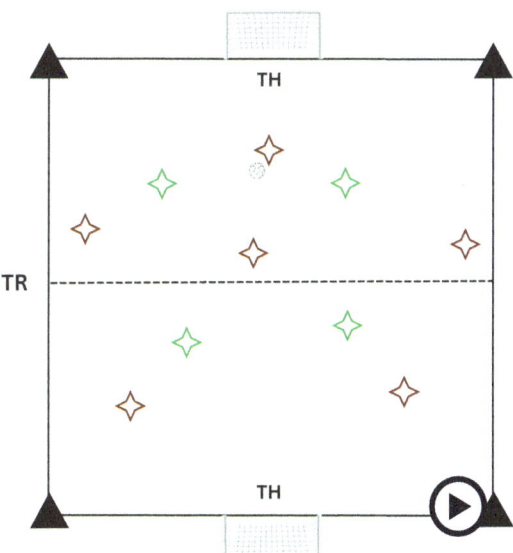

Abb. 9.10   Wales-Ballhalten (▸ https://doi.org/10.1007/000-bak)

27 Südkorea-Turnier
Ablauf:

- Hütchen, Spieler*innen und Tore gemäß der Abb. 9.11 aufstellen.
- Es werden drei Mannschaften à fünf Spieler*innen gebildet.
- Es befinden sich zwei feste Torhüter*innen in den Toren.
- Die schwarze Mannschaft hat zunächst Pause und verteilt sich um das Spielfeld.
- Grün vs. Rot beginnt.
- Wenn die grüne Mannschaft ein Tor erzielt, muss die rote Mannschaft sofort das Spielfeld verlassen, die schwarze Mannschaft muss sofort auf das Spielfeld rennen, die grüne Mannschaft darf direkt den Ball aus dem Tor holen und in die andere Spielrichtung angreifen.

Variationen:

- Es wird ohne feste Torhüter*innen gespielt. Der*Die Torhüter*in wechselt somit immer mit der eigenen Mannschaft mit.
- Die Mannschaft, die von außen kommt, erhält den Ball am eigenen Tor und eröffnet das neue Spiel. Daher muss die Spielrichtung nach einem Torerfolg auch nicht gewechselt werden.

Trainer*innen-Tipp:

- Sollte nach maximal zwei Minuten kein Tor gefallen sein, sagt der*die Trainer*in den nächsten Wechsel direkt an. Die Spielrichtung ändert sich in diesem Fall nicht.

Schwierigkeit: mittel-schwierig

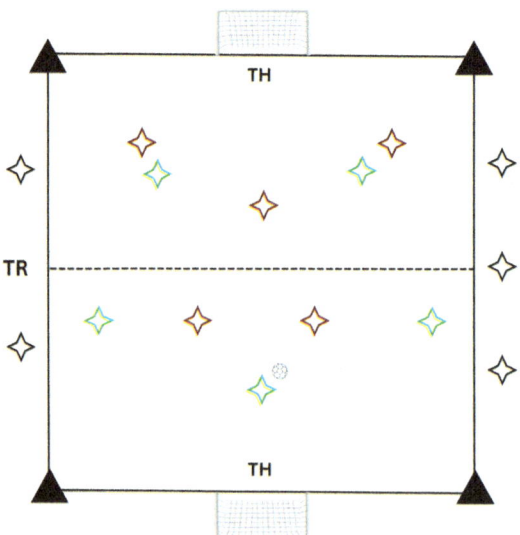

Abb. 9.11 Südkorea-Turnier

9.4   Torabschlüsse vorbereiten

28 Tunesien-Nachstarter*in
Ablauf:

- Hütchen, Spieler*innen und Tore gemäß der Abb. 9.12 aufstellen.
- Der*Die grüne Spieler*in neben dem Tor startet die Aktion, indem er*sie zu seinem*ihrem grünen Mitspieler*in im Feld passt.
- Danach müssen der*die grüne und rote Spieler*in jeweils um ihr eigenes Tor sprinten, um anschließend direkt auf das Spielfeld durchzulaufen.
- Grün spielt nun im 2 vs. 2 gegen rot.
- Ziel ist es, ein Tor zu erzielen.
- Wechselspieler*innen für die Positionen warten an der Mittellinie und neben dem Tor.

Variationen:

- Schwierigkeit für Angreifer*innen senken:
  – Der*Die Torhüter*in darf auch angespielt werden.
- Schwierigkeit für Angreifer*innen erhöhen:
  – Der*Die grüne Spieler*in, der*die den Pass spielt, muss um die Eckfahne laufen, bevor er*sie in die Situation eingreifen darf.

Trainer*innen-Tipp:

- Passendes Verhältnis zwischen Länge und Breite des Spielfeldes finden, um ein 2 vs. 2 zu ermöglichen.

Schwierigkeit: mittel

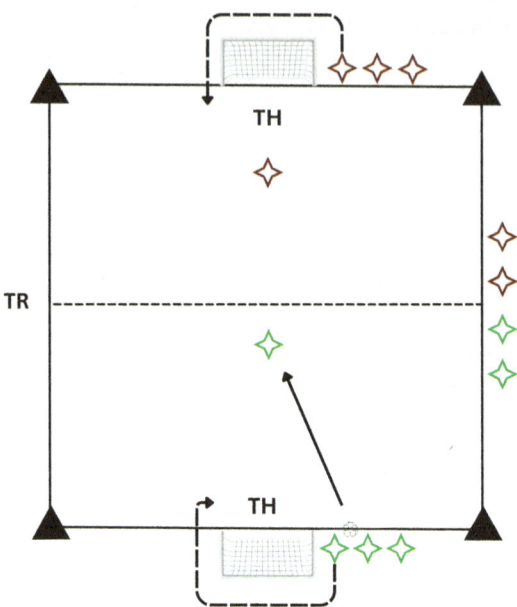

Abb. 9.12 Tunesien-Nachstarter*in

29 Australien-3 vs. 3

Ablauf:

- Hütchen, Spieler*innen und Tore gemäß der Abb. 9.13 aufstellen.
- Im Feld wird 3 vs. 3 auf die Tore gespielt.
- Zusätzlich gibt es die Möglichkeit, die beiden neutralen, schwarzen Spieler*innen, die sich neben den Seitenlinien frei bewegen dürfen, mit einzubeziehen. Diese haben maximal zwei Kontakte und spielen den Ball idealerweise der gleichen Mannschaft zurück, von der sie den Pass bekommen haben.

Variationen:

- Jede Mannschaft hat jeweils eine*n Spieler*in pro Seite neben der Außenlinie abgestellt, der*die jederzeit angespielt werden darf und mit maximal zwei Ballkontakten den Ball wieder zurückpassen muss. Der*Die äußere Spieler*in der gegnerischen Mannschaft darf dies nicht aktiv unterbinden.
- Jede Mannschaft hat jeweils eine*n Spieler*in pro Seite neben der Außenlinie abgestellt, der*die lediglich in der offensiven Hälfte ab der Mittellinie eingreift, hier jederzeit angespielt werden darf und mit maximal zwei Ballkontakten den Ball wieder zurückpassen muss.
- Jede Mannschaft hat jeweils eine*n Spieler*in pro Seite neben der Außenlinie abgestellt, der*die jederzeit angespielt werden darf. Diese*r muss dann mit dem ersten Kontakt außerhalb und dem zweiten Kontakt innerhalb des Feldes zurück ins Spielfeld dribbeln und ist dann direkt in das 3 vs. 3 involviert. Der*Die Passgeber*in nimmt dabei direkt den Platz neben der Seitenlinie ein.

Trainer*innen-Tipp:

- Genügend Bälle an der Position des*der Trainers*Trainerin bereithalten.

Schwierigkeit: mittel

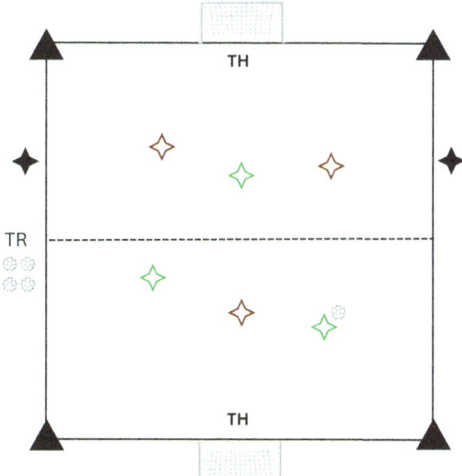

Abb. 9.13 Australien-3 vs. 3

30 Ukraine-5 vs. 5 (Video)
Ablauf:

- Hütchen, Spieler*innen und Tore gemäß der Abb. 9.14 aufstellen.
- Im Feld wird 5 vs. 5 auf beide Tore gespielt.
- Voraussetzung, um auf beide Tore abschließen zu können, ist, dass der Ball zunächst über die Mittellinie gedribbelt bzw. gepasst werden muss. Danach sind beide Tore für diese Mannschaft ‚offen'.
- Wechselt der Ballbesitz, muss diese Mannschaft erst wieder über die Mittellinie dribbeln oder passen, bevor sie auf beide Tore schießen darf.

Variationen:

- Es muss entweder nur über die Mittellinie gepasst oder gedribbelt werden, bevor beide Tore zur Verfügung stehen.

  Trainer*innen-Tipp:

- ‚Neue' Bälle werden direkt von dem*der Trainer*in eingespielt.

Schwierigkeit: mittel

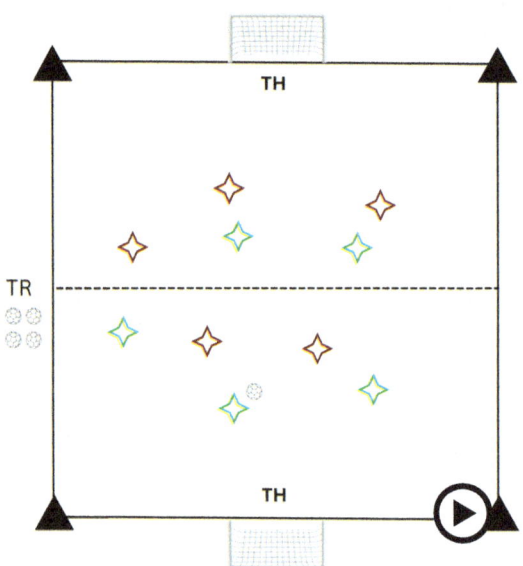

Abb. 9.14   Ukraine-5 vs. 5 (▸ https://doi.org/10.1007/000-bap)

31 Chile-Tempodribbling

Ablauf:

- Hütchen, Spieler*innen und Tore gemäß der Abb. 9.15 aufstellen.
- Jeweils drei Verteidiger*innen plus Torhüter*in befinden sich in der einen und jeweils zwei Angreifer*innen in der anderen Hälfte.
- Tore dürfen nur in der offensiven Hälfte erzielt werden.
- Der Ball kann durch einen Pass zu den Angreifer*innen gelangen; somit bleibt es dann bei einer 2 vs. 3 Situation aus Sicht der Angreifer*innen.
- Alternativ darf auch ein*e Verteidiger*in mit einem Tempodribbling über die Mittellinie gehen, um ein 3 vs. 3 herzustellen. Unmittelbar nach dem Torabschluss muss dann eine*r der drei offensiven Spieler*innen sich wieder in die eigene Hälfte zurückfallen lassen, um die Grundordnung 3 vs. 2 auf 2 vs. 3 wiederherzustellen.

Variationen:

- Die Verteidiger*innen dürfen den*die Torhüter*in nicht im Spielaufbau mit einbeziehen.
- Der*Die Torhüter*in hat lediglich einen Kontakt, um den Ball weiter zu spielen.

Trainer*innen-Tipp:

- Bei einer Spielfeldlänge von 32 m (doppelter 16er) darauf achten, wer nach einem Tempodribbling idealerweise zum Abschluss kommt.

Schwierigkeit: mittel-schwierig

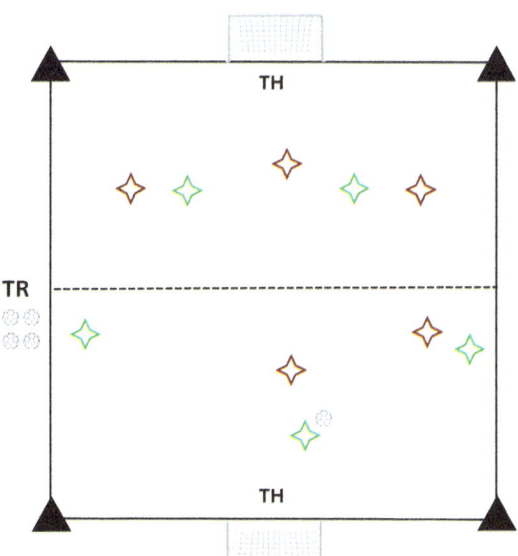

Abb. 9.15 Chile-Tempodribbling

Ich gewinne den Ball

10

10.1 Zweikampf vorbereiten

32 Österreich-Wirbelsturm

Ablauf:

- Hütchen und Spieler*innen gemäß der Abb. 10.1 aufstellen.
- Die beiden roten Spieler*innen sind Wirbelstürme, d. h. sie stoßen möglichst viele Bäume (Pylonen) mit der Hand um.
- Die grüne Mannschaft stellt die Pylonen so schnell wie möglich wieder auf.
- Nach 30 s wird das Spiel gestoppt und die Pylonen gezählt, die nach Ablauf der Zeit am Boden liegen.
- Danach werden die Rollen getauscht und zwei neue Wirbelstürme werden bestimmt.
- Welche zwei Roten schaffen die meisten umgestürzten Bäume?

Variationen:

- Pylonen müssen mit dem Fuß, dem Po, einem Ball, usw. umgestoßen werden.

Trainer*innen-Tipp:

- Beim Umstoßen der Hütchen die Kreativität der Spieler*innen mit einbeziehen.

Schwierigkeit: leicht

Ergänzende Information Die elektronische Version dieses Kapitels enthält Zusatzmaterial, auf das über folgenden Link zugegriffen werden kann https://doi.org/10.1007/978-3-662-67984-5_10. Die Videos lassen sich durch Anklicken des DOI Links in der Legende einer entsprechenden Abbildung abspielen, oder indem Sie diesen Link mit der SN More Media App scannen.

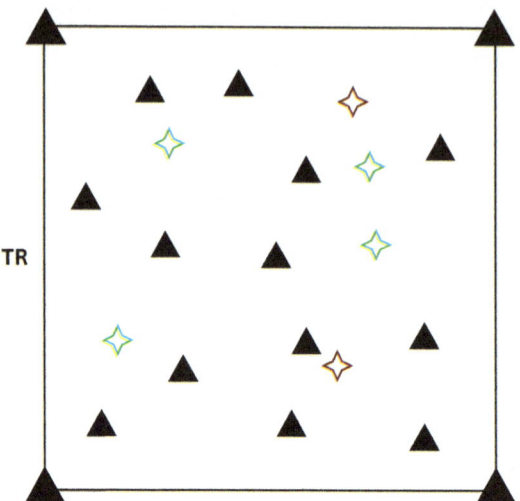

Abb. 10.1 Österreich-Wirbelsturm

33 Ungarn-Dribbelfangspiel (Video)

Ablauf:

- Hütchen, Spieler*innen und Tor gemäß der Abb. 10.2 aufstellen.
- Rot sind die Verteidiger*innen und grün sind die Angreifer*innen.
- Der*Die erste grüne Spieler*in dribbelt mit Tempo auf das schwarze Hütchen-Dreieck, macht eine Finte und entscheidet sich für eine Seite, wo er*sie vorbeidribbelt.
- Ist er*sie am Dreieck vorbeigedribbelt, wird der*die rote, diagonale Gegenspieler*in zum*zur Verteidiger*in.
- Der*Die rote Verteidiger*in muss versuchen, den*die grüne*n Spieler*in zu berühren.
- Wenn der*die grüne Spieler*in die rote Zone erreicht, bekommt er*sie einen Punkt.
- Der*Die grüne Spieler*in hat dann innerhalb des roten Vierecks einen Kontakt, um abzuschließen.
- Wenn der*die Angreifer*in ein Tor erzielt, ohne gefangen zu werden, bekommt er*sie zwei Punkte.
- Wenn der*die Verteidiger*in den*die Angreifer*in fängt, bekommt er*sie einen Punkt und die Aktion ist vorbei.
- Wechsel der Aufgaben nach zwei bis drei Minuten.

Variationen:

- Schwierigkeit für Angreifer*innen senken:
  - Die Fang-Zone breiter machen und keine Kontaktbeschränkung für den*die Angreifer*in.
- Schwierigkeit für Angreifer*innen erhöhen:
  - Das rote Feld verlängern und das Hütchen-Dreieck von der Fang-Zone entfernen.

Trainer*innen-Tipp:

- Auf einen doppelten Übungsaufbau achten, damit zwei Felder gleichzeitig agieren können.

Schwierigkeit: leicht-mittel

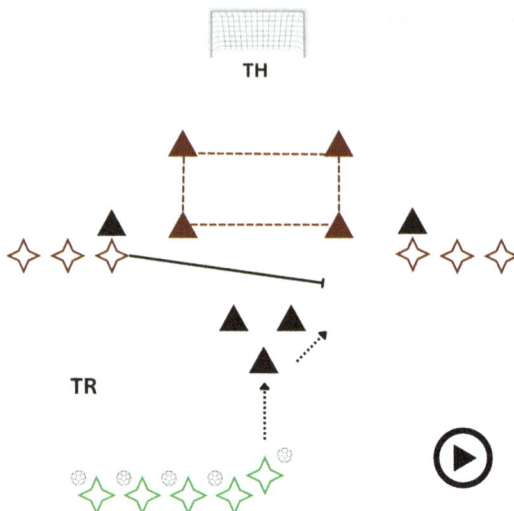

Abb. 10.2   Ungarn-Dribbelfangspiel (▶ https://doi.org/10.1007/000-bar)

34 Algerien-Umschalten

Ablauf:

- Hütchen, Spieler*innen und Tore gemäß der Abb. 10.3 aufstellen.
- Jede*r hat einen Ball, außer die beiden Spieler*innen in der Mitte.
- Der*Die erste grüne Spieler*in passt seine*n grüne*n Mitspieler*in im Feld an; diese*r spielt dann gegen den*die rote*n Spieler*in ein 1 vs. 1.
- Gewinnt der*die rote Spieler*in den Ball, darf diese*r bei dem*der grünen Torhüter*in versuchen, ein Tor zu erzielen.
- Die Aktion ist vorbei, wenn...
  - eine*r der beiden Spieler*innen ein Tor erzielt.
  - der Ball im Aus ist.
  - die Aktion zu lange dauert.
- Ist die Aktion beendet, wird der*die rote Spieler*in im Feld zum*zur Passempfänger*in und wird von dem*der roten Spieler*in neben dem Tor angespielt, währenddessen verlässt der*die erste grüne Spieler*in das Feld und der*die zweite grüne Spieler*in startet zum Verteidigen ein.
- Entsprechend ergibt sich folgender Ablauf an Aktionen: Einpassen, Verteidigen, Angreifen, Anstellen.

Variationen:

- Veränderte Startpositionen oder eine Mittellinie einziehen.
- Diese gilt als Provokation für folgende Regeln:

  - Ball muss in der eigenen Hälfte angenommen werden.
  - Tore dürfen nur in der gegnerischen Hälfte erzielt werden.

- Bei weniger Spieler*innen Mini-Tore statt großem Tor nutzen.
- Bei mehreren Spieler*innen außerhalb des Feldes, idealerweise die Aktionen früh von 5 auf 0 runterzählen, damit schnell gewechselt wird.
- Schwierigkeit für Angreifer*innen senken:

  - Abstand zwischen den Toren erhöhen
  - Feld vergrößern

- Schwierigkeit für Angreifer*innen erhöhen:

  - Abstand zwischen den Toren verringern
  - Engeres Feld

Trainer*innen-Tipp:

- Ersatzbälle bei dem*der Trainer*in platzieren, falls ein*e Spieler*in nicht aufmerksam ist und einen Pass vergisst, einzuspielen.

Schwierigkeit: mittel

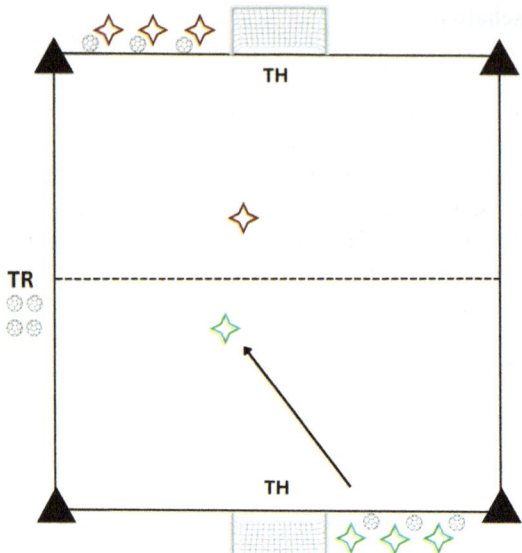

Abb. 10.3 Algerien-Umschalten

10.2   Zweikampf führen

35 Ägypten-Ballklau (Video)
Ablauf:

- Hütchen und Spieler*innen gemäß der Abb. 10.4 aufstellen.
- Sieben von zehn Spieler*innen haben einen Ball.
- Wer keinen Ball hat, versucht sich nun, einen zu erobern.
- Ein ‚Rückklau' des Balles ist untersagt.
- Ballbesitzer*innen, die vor einem*r Spieler*in ohne Ball fliehen und dabei das Feld verlassen, müssen ihren Ball entsprechend diesem*r Spieler*in abgeben.

Variationen:

- Neun von zehn Spieler*innen haben einen Ball.
- Derjenige*Diejenige ohne Ball versucht nun, die Bälle der anderen Spieler*innen aus dem Feld zu schießen bzw. sie mit Ball aus dem Feld zu jagen.
- Wer seinen*ihren Ball dadurch verliert, hilft sofort dem*der Fänger*in, die restlichen Bälle aus dem Feld zu schießen.
- Gewonnen hat, wer als Letztes mit Ball im Feld übrigbleibt.

Trainer*innen-Tipp:

- Körperlichkeit im Zweikampf zulassen und nicht alles sofort unterbinden.

Schwierigkeit: leicht

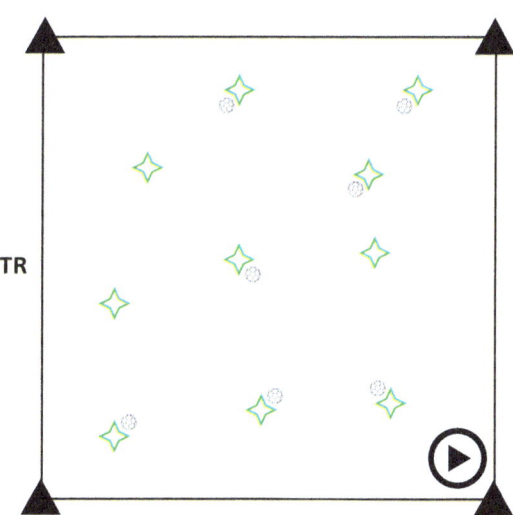

Abb. 10.4 Ägypten-Ballklau (► https://doi.org/10.1007/000-baq)

36 Schottland-1 vs. 1-Turnier
Ablauf:

- Hütchen, Spieler*innen und Tore gemäß der Abb. 10.5 aufstellen.
- Pro Feld wird zwei Minuten lang 1 vs. 1 gespielt.
- Nach dem Ende der zwei Minuten geht der*die Gewinner*in ein Feld nach rechts und der*die Verlierer*in ein Feld nach links.
- Bei Unentschieden gewinnt der*die Spieler*in, der*die das erste Tor erzielt hat. Bei 0:0 wird ein Durchgang Schnick-Schnack-Schnuck gespielt.
- Ziel ist es, in das Champions League Feld ganz rechts zu kommen und dort möglichst lange ungeschlagen zu bleiben.

Variationen:

- Pro Feld wird zwei Minuten lang 2 vs. 2 gespielt.
- Bei Unentschieden gewinnen die Spieler*innen, die das letzte Tor erzielt haben.

Trainer*innen-Tipp:

- Beim Spielfeldaufbau auf unterschiedliche Tore achten.

Schwierigkeit: leicht-mittel

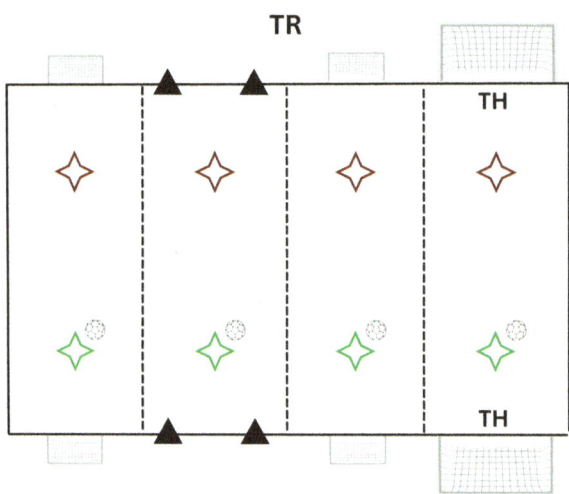

Abb. 10.5   Schottland-1 vs. 1-Turnier

37 Tschechien-Gegnerwahl
Ablauf:

- Hütchen, Spieler*innen und Mini-Tore gemäß der Abb. 10.6 aufstellen.
- Vor dem*der ersten grünen Spieler*in liegen vier verschiedene Plättchen-Gruppen.
- Die Plättchen zeigen an, welche Spieler*innen an der folgenden Aktion beteiligt sind.
- Der*Die erste Verteidiger*in startet die Aktion, indem er*sie über eine Plättchen-Gruppe läuft.
- Sobald er*sie über die Plättchen läuft, dürfen die entsprechenden Spieler*innen ins Feld starten.
- Gewinnt die grüne Mannschaft den Ball, darf sie auf das gegenüberliegende Mini-Tor kontern.
- Für ein Tor in Überzahl oder in Gleichzahl gibt es einen Punkt.
- Für ein Tor in Unterzahl gibt es zwei Punkte.
- Nach zehn Durchgängen beginnt ein*e rote*r Spieler*in mit der Spieler*innen-Auswahl vor den Plättchen-Gruppen.

Variationen:

- Schwierigkeit für Angreifer*innen senken:
  - Zwei Mini-Tore pro Seite aufstellen, um den Angreifer*innen mehrere Optionen zu geben.
- Schwierigkeit für Angreifer*innen erhöhen:
  - Das Feld länger machen, um dem*der Verteidiger*in eine bessere Positionierung zu ermöglichen.

Trainer*innen-Tipp:

- Bei einem Torerfolg oder einem Aus-Ball spielt der*die Trainer*in auf jeden Fall noch einmal einen zweiten Ball ins Spiel, um die Aktion zu verlängern.

Schwierigkeit: mittel

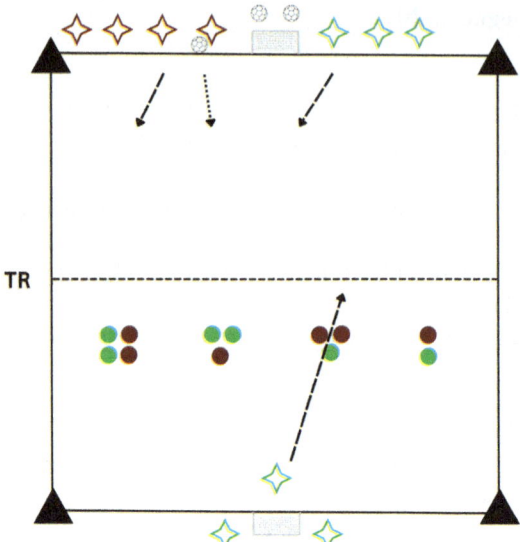

Abb. 10.6 Tschechien-Gegnerwahl

10.3 Lohnende Situationen erkennen

38 Costa Rica-1 vs. 2
Ablauf:

- Hütchen, Spieler*innen und Tore gemäß der Abb. 10.7 aufstellen.
- Der*Die grüne Spieler*in muss versuchen, auf das gegenüberliegende Tor ein Tor zu erzielen.
- Sobald der*die grüne Spieler*in losläuft, dürfen die beiden roten Spieler*innen ins Feld und müssen dem*der grünen Spieler*in den Ball abnehmen.
- Gelingt dies, dürfen sie im 2 vs. 1 auf das ‚grüne' Tor abschließen.

Variationen:

- Startpositionen der Spieler*innen ändern, um eine Variabilität in den Aktionen zu gewährleisten.
- Mit Mini-Toren anstatt normalen Toren spielen.
- Schwierigkeit für Verteidiger*innen senken:

  - Längeres Feld (mehr Zeit für den Ballgewinn)
  - Feld schmaler machen

- Schwierigkeit für Verteidiger*innen erhöhen:

  - Feld breiter machen
  - Feld kürzer machen (weniger Zeit für den Ballgewinn)

Trainer*innen-Tipp:

- Um für die gleiche Anzahl an Offensiv- und Defensivaktionen zu sorgen, muss bei den Wechseln der Aufgaben nach einiger Zeit darauf geachtet werden, dass die Spieler*innen ihre Leibchen an den entsprechenden Hütchen ausziehen, dort liegen lassen und im Uhrzeigersinn zum nächsten Hütchen gehen.

Schwierigkeit: mittel

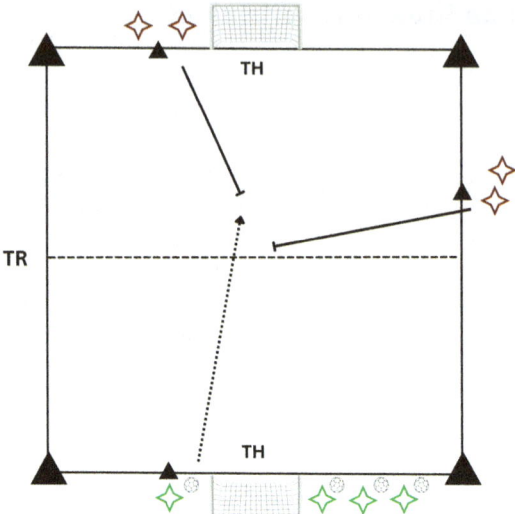

Abb. 10.7 Costa Rica-1 vs. 2

39 Nigeria-Eck (Video)

Ablauf:

- Hütchen und Spieler*innen gemäß der Abb. 10.8 aufstellen.
- Die vier grünen Spieler*innen spielen zusammen mit den drei schwarzen Spieler*innen 7 vs. 4 gegen die roten Spieler*innen.
- Zwei schwarze Spieler*innen stehen an der Stirnseite und eine*r im Feld, alle grünen Spieler*innen bewegen sich auch im Feld.
- Grün erhält für zehn Pässe einen Punkt und*oder drei zusätzliche Punkte für Kombinationen von einem*r schwarzen äußeren Spieler*in zum*r gegenüberliegenden schwarzen äußeren Spieler*in und wieder zurück.
- Bei Ballverlust wechselt der Ballbesitz und rot spielt zusammen mit schwarz 7 vs. 4 gegen grün.

Variationen:

- Spieleranzahl bzw. -verhältnis an die eigene Mannschaft anpassen.
- Eine Mannschaft bestimmen, die eine Minute lang nur verteidigt und verhindern muss, dass die anderen beiden Mannschaften Punkte erzielen. Danach die Aufgaben durchwechseln.

Trainer*innen-Tipp:

- Auf ein gut gefülltes Balldepot achten, um das Spiel mit einem schnellen Pass ständig am Laufen zu halten.

Schwierigkeit: mittel

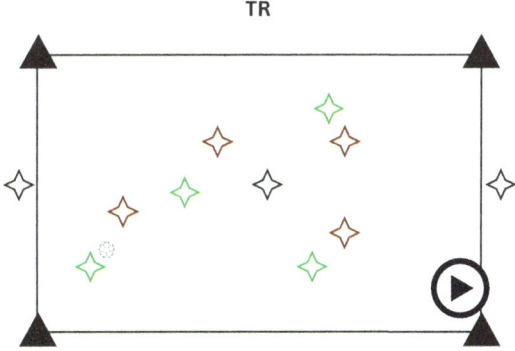

Abb. 10.8 Nigeria-Eck (▶ https://doi.org/10.1007/000-bas)

Wir gewinnen den Ball

11

11.1 Überzahl herstellen

40 Ecuador-Chaosball (Video)

Ablauf:

- Hütchen, Spieler*innen und Tore gemäß der Abb. 11.1 aufstellen.
- Schwarz spielt gegen rot im Feld auf die beiden Jugend-Tore mit einem Ball.
- Grün spielt gegen blau im Feld mit jeweils einem beigefarbenem Pass- und einem anthrazitfarbenem Dribbel-Tor mit einem Ball.
- Geht ein Ball ins Aus, spielt ein*e Trainer*in einen neuen Ball zu der gegnerischen Mannschaft, die den Ball nicht ins Aus geschossen hat.
- Wird ein Tor erzielt, geht es mit demselben Ball sofort weiter.
- Nach drei Minuten rotieren die Mannschaften durch.

Variationen:

- Variation der Spiele: schwarz vs. rot spielt Handball und grün vs. blau weiterhin Fußball

Ergänzende Information Die elektronische Version dieses Kapitels enthält Zusatzmaterial, auf das über folgenden Link zugegriffen werden kann https://doi.org/10.1007/978-3-662-67984-5_11. Die Videos lassen sich durch Anklicken des DOI Links in der Legende einer entsprechenden Abbildung abspielen, oder indem Sie diesen Link mit der SN More Media App scannen.

Trainer*innen-Tipp:

- Wichtige Beobachtungsfunktion, um somit einen guten Überblick über den Leistungsstand der Spieler*innen in einem komplexen kleinen Spiel zu erhalten.

Schwierigkeit: mittel-schwierig

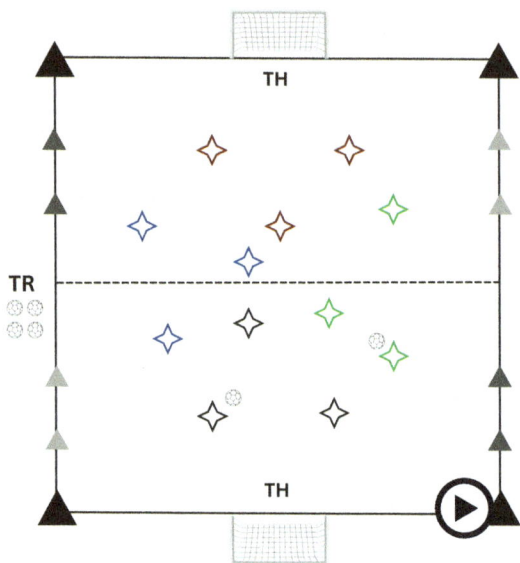

Abb. 11.1   Ecuador-Chaosball (▸ https://doi.org/10.1007/000-bav)

41 Kamerun-Unterzahl
Ablauf:

- Hütchen, Spieler*innen und Mini-Tore gemäß der Abb. 11.2 aufstellen.
- Die drei grünen Verteidiger*innen haben die Aufgabe, die vier Mini-Tore zu verteidigen.
- Ein*e rote*r Spieler*in darf einlaufen und muss versuchen, auf eines der Tore ein Tor zu erzielen.
- Sobald der*die rote Spieler*in den Ball berührt, dürfen die drei grünen Spieler*innen verteidigen.
- Erobert die grüne Mannschaft den Ball, müssen sie versuchen, ein Kontertor zu erzielen.
- Erzielt der*die rote Spieler*in ein Tor, darf er*sie es noch einmal versuchen, gegen drei Gegenspieler*innen ein Tor zu erzielen.
- Schafft der*die rote Spieler*in es nicht, ein Tor zu erzielen, darf der*die nächste Spieler*in von rot einlaufen.

Variationen:

- Schwierigkeit für rot senken:
  – Nur zwei Verteidiger*innen
- Schwierigkeit für rot erhöhen:
  – Vier Verteidiger*innen

Trainer*innen-Tipp:

- Bei einem Torerfolg oder einem Aus-Ball spielt der*die Trainer*in auf jeden Fall noch einmal einen zweiten Ball ins Spiel, um die Aktion zu verlängern.

Schwierigkeit: mittel-schwierig

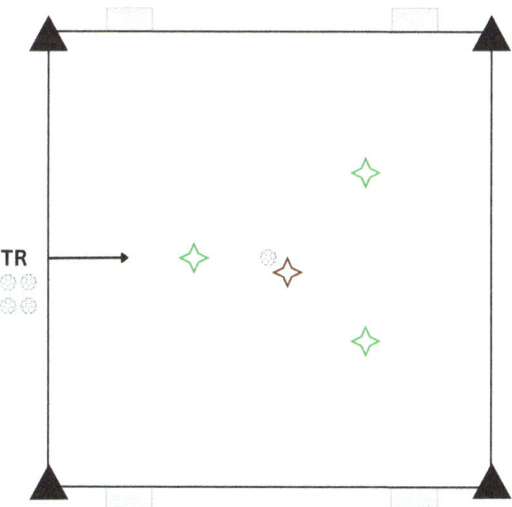

Abb. 11.2 Kamerun-Unterzahl

42 Türkei-Zonenspiel
Ablauf:

- Hütchen, Spieler*innen und Tore gemäß der Abb. 11.3 aufstellen.
- Jede Mannschaft bekommt eine*n Torhüter*in und muss die drei Zonen nun wie folgt besetzen:
  - Defensivzone: ein*e Spieler*in mehr als die gegnerische Mannschaft
  - Mittelfeldzone: Gleichzahl an Spieler*innen
  - Offensivzone: ein*e Spieler*in weniger als die gegnerische Mannschaft
- Somit gibt es jeweils eine Überzahlsituation für die verteidigende Mannschaft in der Defensivzone.
- Der Ball darf lediglich von Zone zu Zone gepasst werden; Rückpässe sind ebenfalls erlaubt.
- Spieler*innen dürfen die Zone, in der sie eingeteilt wurden, nicht verlassen.
- Tore dürfen nur in der Offensivzone erzielt werden.

Variationen:

- Spieler*innen sollen nach einer bestimmten Zeit die Zonen durchwechseln.
- Rückpässe verbieten.
- Ein neutrale*r Spieler*in, der*die jeweils bei der verteidigenden Mannschaft mitspielt und nach Balleroberung den Ball in das defensive Drittel zurückspielt.
- Tore dürfen auch von der mittleren Zone aus erzielt werden.

Trainer*innen-Tipp:

- Sollte ein*e Angreifer*in in Unterzahl keine Chance haben, ein Tor zu erzielen, darf ein*e Mitspieler*in durch ein Dribbling von der Mittelfeld- in die Offensivzone zur Gelichzahl auffüllen.

Schwierigkeit: mittel-schwierig

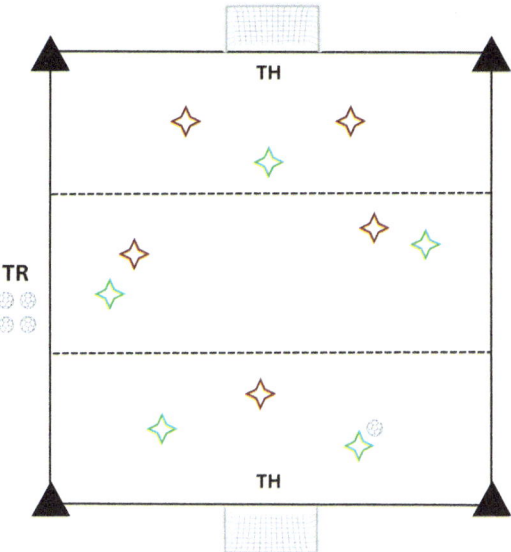

Abb. 11.3   Türkei-Zonenspiel

11.2   Überzahl verwerten

43 Norwegen-Reaktion
Ablauf:

- Hütchen, Spieler*innen und Tore gemäß der Abb. 11.4 aufstellen.
- Im mittleren Feld wird 4 (rot) vs. 2 (grün) auf Ball halten gespielt. Zehn erfolgreiche Pässe bedeuten einen Punkt für die rote Mannschaft.
- Wenn eine*r der beiden grünen Spieler*innen den Ball erobert, wechselt das Spiel auf ein 6 (grün) vs. 4 (rot). Die grüne Mannschaft muss nun drei Pässe spielen, um dann ein Tor auf beide Tore zu erzielen.
- Nach erneutem Ballgewinn der roten Mannschaft, einem Tor der grünen Mannschaft oder einem Aus-Ball beginnt die Situation wieder von vorn.
- Nach drei Minuten werden die Aufgaben gewechselt.

Variationen:

- Die Aufgaben wechseln nicht nach drei Minuten, sondern nach zehn Durchgängen.
- Nach der Balleroberung im 4 vs. 2 müssen mehr als drei Pässe gespielt werden, bevor es zu einem Torabschluss kommen kann.

Trainer*innen-Tipp:

- Bei einem Torerfolg oder einem Aus-Ball spielt der*die Trainer*in auf jeden Fall noch einmal einen zweiten Ball ins Spiel, um die Aktion zu verlängern.

Schwierigkeit: mittel-schwierig

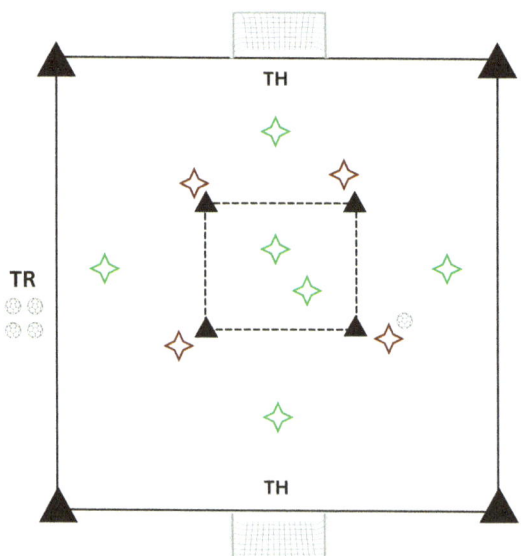

Abb. 11.4   Norwegen-Reaktion

44 Elfenbeinküste-Ballgewinn

Ablauf:

- Hütchen, Spieler*innen und Tore gemäß der Abb. 11.5 aufstellen.
- Der*Die erste grüne Spieler*in startet die Aktion, in dem er*sie mit dem Ball eindribbelt.
- Sobald der*die erste grüne Spieler*in losläuft, starten zwei rote Spieler*innen und ein*e zweite*r grüne*r Spieler*in ebenfalls ins Feld.
- Die beiden grünen Spieler*innen müssen auf die zwei Mini-Tore abschließen, wobei Tore erst ab der gestrichelten, offensiven Linie erzielt werden dürfen.
- Wenn die rote Mannschaft den Ball erobert, dürfen sie auf das große Tor kontern; Tore zählen dabei ebenfalls erst ab der gestrichelten Linie.
- Wenn die rote Mannschaft den Ball erobert hat, starten zwei weitere grüne Spieler*innen ins Feld und helfen den anderen beiden grünen Spieler*innen, das Tor gegen rot im 4 vs. 2 zu verteidigen.
- Erobert grün den Ball zurück, dürfen sie wieder auf die Mini-Tore abschließen.
- Die Aktion geht solange im 4 vs. 2 bzw. 2 vs. 4 weiter, bis der Ball im Tor oder im Aus landet.
- Nach jeder Aktion tauschen die Spieler*innen innerhalb ihrer Mannschaft die Aufgaben.

Variationen:

- Bei Balleroberung einer Mannschaft darf die ballerobernde Mannschaft mit zwei neuen Spieler*innen auffüllen.

Trainer*innen-Tipp:

- Deutliche Ansagen in den Balleroberungsmomenten machen, falls Spieler*innen ihren Einsatz verpassen.

Schwierigkeit: mittel

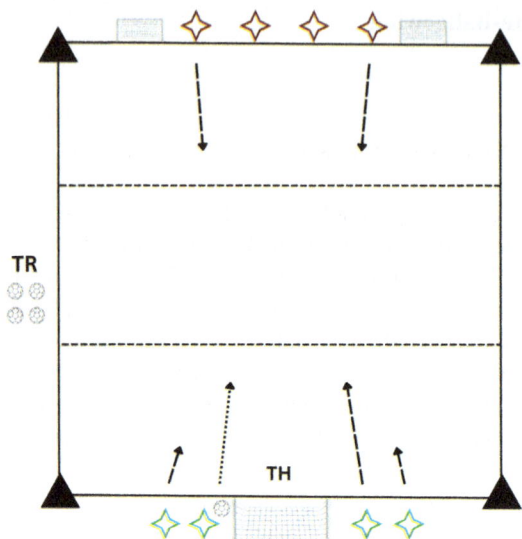

Abb. 11.5   Elfenbeinküste-Ballgewinn

45 Rumänien-Chipball (Video)
Ablauf:

- Hütchen, Spieler*innen und Tore gemäß der Abb. 11.6 aufstellen.
- Es wird 4 vs. 4 ohne Torhüter*innen auf zwei Tore gespielt.
- Nach einem Torerfolg rennt der*die Torschütze*Torschützin direkt zum schwarzen Hütchen vor den beiden Mini-Toren und hat genau einen Versuch, den Ball über das erste Mini-Tor in das hintere Mini-Tor zu chippen.
- Lediglich dieser Chipball ist relevant für den Spielstand.
- Die Spieler*innen erkaufen sich mit einem Tor im Feld somit einen Versuch auf das Mini-Tor.
- Währenddessen wird im Feld direkt in einer kurzfristigen Über-/Unterzahl-Situation weitergespielt.

Variationen:

- Die Tore im Feld werden ganz normal gezählt und ein erfolgreicher Chipball wird mit einem weiteren Tor noch auf den Spielstand dazu gerechnet.
- Nach einem Torerfolg rennt der*die Torschütze*Torschützin direkt zum Tic Tac Toe Feld außerhalb des eigentlichen Spielfeldes und darf ein entsprechendes Leibchen der eigenen Mannschaftsfarbe platzieren. Die Mannschaft gewinnt, die als erstes vier (drei) Leibchen vertikal, horizontal oder diagonal gelegt hat. Wenn alle vier (drei) zur Verfügung stehenden Leibchen gelegt wurden, aber noch keine Mannschaft gewonnen hat, darf der*die nächste Spieler*in beginnen, bereits gelegte Leibchen in ein neues, freies Feld zu platzieren, um das Spiel zu gewinnen.

Trainer*innen-Tipp:

- Trainer*innen-Position auf der gegenüberliegenden Seite der eigentlichen Chipball-Aufgabe, um ein freies Ausprobieren ohne Trainer*innen-Druck den Spieler*innen zu ermöglichen.

Schwierigkeit: mittel

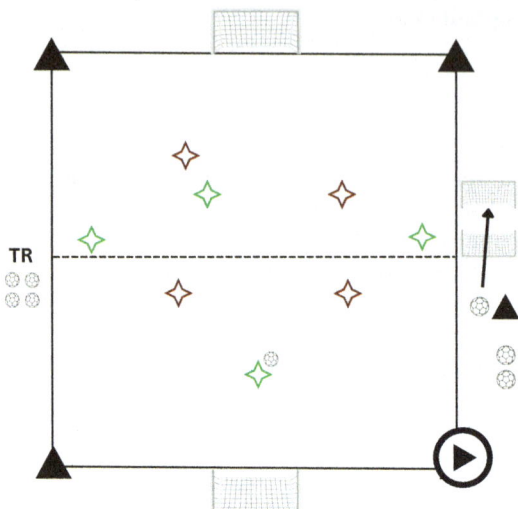

Abb. 11.6   Rumänien-Chipball (▶ https://doi.org/10.1007/000-bat)

46 Kanada-3-Tore-Spiel

Ablauf:

- Hütchen, Spieler*innen und Mini-Tore gemäß der Abb. 11.7 aufstellen.
- Zu Beginn darf jede der drei Mannschaften ein Mini-Tor frei im Feld auf-stellen. Einzige Bedingung: es muss mindestens drei Meter von der Außenlinie entfernt sein.
- Jede Mannschaft hat nun die Aufgabe das eigene Tor zu verteidigen und kann selbst jeweils bei beiden anderen Mannschaften Tore erzielen.
- Es bekommt allerdings nur die Mannschaft einen Punkt, die auch das Tor erzielt hat. (Eine ‚Verbrüderung' mit einer anderen Mannschaft macht somit weniger Sinn.)

Variationen:

- Anstelle von Mini-Toren können Hütchen-Tore genutzt werden, die von beiden Seiten bespielt werden können, entweder als Pass- oder als Dribbel-Tore.
- Nach einer gewissen Zeit mit zwei bzw. drei Bällen gleichzeitig spielen.

Trainer*innen-Tipp:

- Bei Problemen, den korrekten Spielstand nachzuvollziehen, passiv-anwesende Spieler*innen, Co-Trainer*innen oder sogar Eltern mit einbeziehen.

Schwierigkeit: mittel

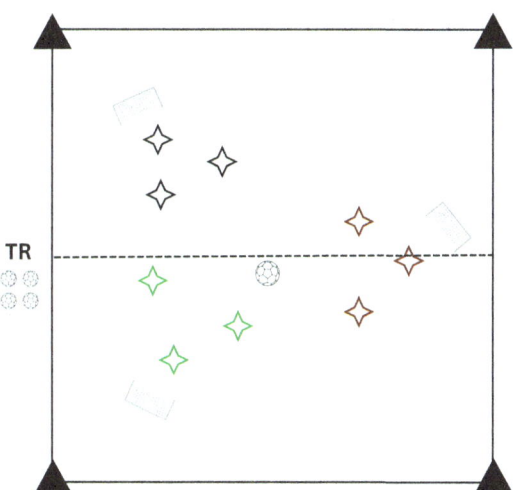

Abb. 11.7 Kanada-3-Tore-Spiel

11.3   In Unterzahl verteidigen

47 Paraguay-4 vs. 4
Ablauf:

- Hütchen, Spieler*innen und Tore gemäß der Abb. 11.8 aufstellen.
- Es wird 4 vs. 4 auf zwei Tore gespielt.
- Nach einem Torerfolg rennt der*die Torschütze*Torschützin direkt zu den Pylonen neben dem Feld und versucht die Pylonen einmal um die eigene Achse, wie bei der *Bottle-Flip-Challenge,* zu drehen, sodass die Pylone wieder aufrecht landet.
- Schafft der*die Spieler*in es nicht, kehrt er*sie zurück ins Feld und muss es beim nächsten Torerfolg erneut versuchen.
- Die Mannschaft, die zuerst drei Pylonen korrekt wieder aufgestellt hat, gewinnt.

Variationen:

- Die Tore im Feld werden ganz normal gezählt und ein erfolgreicher Bottle-Flip mit einem Hütchen bei drei Versuchen, wird mit einem weiteren Tor noch auf den Spielstand dazu gerechnet.

Trainer*innen-Tipp:

- Trainer*innen-Position auf der gegenüberliegenden Seite der eigentlichen Bottle-Flip-Aufgabe, um ein freies Ausprobieren ohne Trainer*innen-Druck den Spieler*innen zu ermöglichen.

Schwierigkeit: mittel

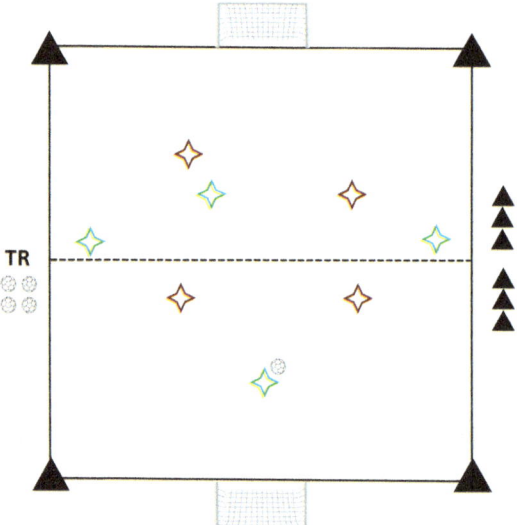

Abb. 11.8 Paraguay-4 vs. 4

48 Irland-Zeit-Spiel (Video)

Ablauf:

- Hütchen und Spieler*innen gemäß der Abb. 11.9 aufstellen.
- Die schwarze Fünfer-Mannschaft spielt immer mit einer der beiden Vierer-Mannschaften (grün oder rot) auf Ballbesitz.
- Die verteidigende Vierer-Mannschaft, z. B. rot, hat die Aufgabe, innerhalb von zwei Minuten so viele Balleroberungen wie möglich zu erzielen. Danach wechselt dann die zweite Vierer-Mannschaft (grün) in die ‚Verteidigung‘.
- Nach einer Balleroberung wird der Ball direkt einem*r Spieler*in der Neuner-Mannschaft überlassen, die dann einen neuen Versuch auf Ball halten starten.

Variationen:

- Spieler*innen-Anzahl und Spieler*innen-Verhältnis variieren.
- Zehn Pässe der Neuner-Mannschaft bedeuten ebenfalls einen Punkt.

Trainer*innen-Tipp:

- Als Feldgröße scheint in diesem Fall der doppelte 16er angebracht zu sein.

Schwierigkeit: mittel

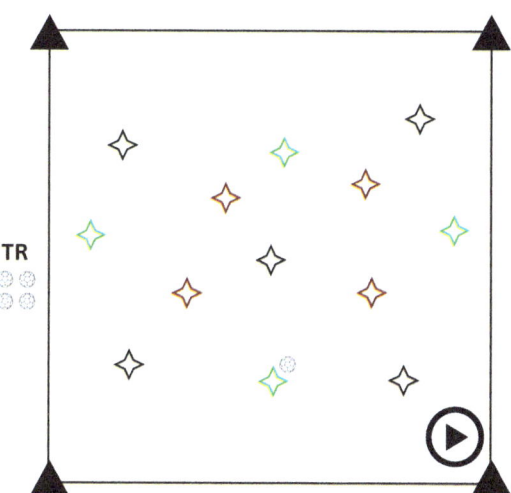

Abb. 11.9 Irland-Zeit-Spiel (▶ https://doi.org/10.1007/000-baw)

49 Burkina Faso-Mittelkreis

Ablauf:

- Spieler*innen und Mini-Tore gemäß der Abb. 11.10 aufstellen.
- Die grüne Siebener-Mannschaft spielt immer auf Ballbesitz und versucht somit, die rote Dreier-Mannschaft am Tore schießen zu hindern.
- Die rote Dreier-Mannschaft dagegen hat die Aufgabe, innerhalb von zwei Minuten so viele Balleroberungen wie möglich zu erzielen, um somit danach die Möglichkeit zu nutzen, ein Tor auf eines der vier Mini-Tore zu erzielen.
- Dieses Vorhaben versucht die grüne Siebener-Mannschaft wiederum zu unterbinden.

Variationen:

- Wenn bei der grünen Siebener-Mannschaft drei Mal der Ball ins Aus gepasst wird, bekommt die rote Dreier-Mannschaft ebenfalls einen Punkt.
- Die grüne Siebener-Mannschaft bekommt für zehn erfolgreiche Pässe ebenfalls einen Punkt.

Trainer*innen-Tipp:

- Auf ein entsprechendes Balldepot achten, um sofort neue Bälle ins Spiel zu passen.

Schwierigkeit: mittel-schwierig

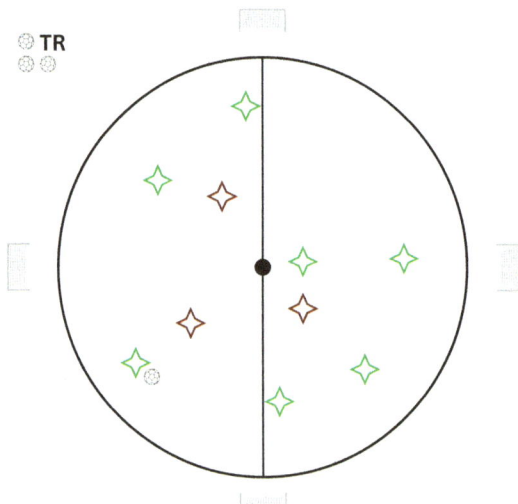

Abb. 11.10 Burkina Faso-Mittelkreis

Stichwortverzeichnis

A
Ausdauer, 21
Ausdauer-Training, 22

B
Ballkontaktzeit, durchschnittliche, 24
Ballschule Heidelberg, 13
Beachsoccer, 52
Beweglichkeit, 21
Beweglichkeits-Training, 22
Bewegungsausführung, 14
Bewusstsein, taktisches, 13, 14
Bunte Liga Köln, 4

D
Defensivtaktik, 11
Deutsche Nationalmannschaft, 5
Deutscher Fußball-Bund, 30
Dropout, 4

E
Einführung
    zum Sportspiel Fußball, 3
    zu Spiel- und Übungsformen im Fußball,
    61
Entscheidungsfähigkeit, 13
Erfolgserlebnis, 3

F
Fähigkeiten
    konditionelle, 21
    koordinative, 20
Fertigkeitstraining, 14
Football Association (FA), 29

G
Gruppentaktik, 11

I
Individualtaktik, 11
International Football Association Board
    (IFAB), 30

K
Kleinspielfeldform, 46
Konstitution, 24
Koordination, 19
Kraft, 21
Kraft-Training, 22
Kreativität, 15

L
Lernen
    implizites, 55
    soziales, 4

M
Mannschaftstaktik, 11

N
Nationalmannschaft, deutsche, 5
Netto-Spielzeit, 52
Neymar's Five, 53

Fußballtennis, 53
Futsal, 50

© Der/die Herausgeber bzw. der/die Autor(en), exklusiv lizenziert an Springer-
Verlag GmbH, DE, ein Teil von Springer Nature 2023
S. Schwab und J. Balle, *Fußball – Das Praxisbuch für Training, Studium, Schule
und Freizeitsport,* Sportpraxis, https://doi.org/10.1007/978-3-662-67984-5

O
Offensivtaktik, 11

P
Panna KO, 53
Prinzipien, 9

S
Scanning, 24
Schnelligkeit, 21
Schnelligkeits-Training, 22
Sieben koordinative Fähigkeiten, 20
Small Sided Games, 21
Spaß, 33
Spielform, 13, 61
Spielintelligenz, 15
Spielleistung, 14
Spielphilosophie, 7
Spielverständnis, 13
Sportart, taktikdeterminierte, 12
Straßenfußball, 53

Strategie, 8
Streetsoccer, 53

T
Taktik, 8, 11
Teaching Games for Understanding (TGfU),
   13
Techniktraining, 22
Torhöhenreduzierung, 34

U
Übung, 61
Umwelt, 24

V
Vorbild, 22
Vororientierung, 24

SPRINGER NATURE

GPSR Compliance

The European Union's (EU) General Product Safety Regulation (GPSR) is a set of rules that requires consumer products to be safe and our obligations to ensure this.

If you have any concerns about our products, you can contact us on ProductSafety@springernature.com

In case Publisher is established outside the EU, the EU authorized representative is:

Springer Nature Customer Service Center GmbH
Europaplatz 3
69115 Heidelberg, Germany

The manufacturer's authorised representative in the EU is Springer Nature Customer Service Centre GmbH, Europaplatz 3, 69115 Heidelberg, Germany. If you have any concerns regarding our products, please contact ProductSafety@springernature.com

Printed and bound by CPI Group (UK) Ltd, Croydon, CR0 4YY

24/04/2026

02096352-0005